UNE VISITE

A

L'ARSENAL DE TOULON.

TOULON. — IMP. ET LITH. D'E. AUREL.

UNE VISITE

A

L'ARSENAL DE TOULON

PAR

OCTAVE TEISSIER.

———•••———

PARIS

LIBRAIRIE DE L. HACHETTE ET Cie,

RUE PIERRE-SARRAZIN, 14.

1861.

AVERTISSEMENT.

M. V. Brun, commissaire général de la Marine, vient de publier un excellent ouvrage intitulé : *Guerres maritimes de la France : Port de Toulon, ses armements et son administration, depuis son origine jusqu'à nos jours.* (1)

Il m'a paru intéressant et utile, d'extraire de ce grand travail, tout ce qui se rattache plus particulièrement à l'histoire du port de Toulon, et d'en former comme une monographie de l'arsenal.

C'est ce résumé, précédé de quelques mots sur Toulon et d'une courte description de l'arsenal, que j'offre au public sous le titre de : *Une visite à l'Arsenal.*

(1) 2 vol. grand in 8° Paris , Plon, éditeur.

PREMIÈRE PARTIE.

QUELQUES MOTS SUR TOULON.

Dans une savante histoire de la ville de
Toulon, dont le manuscrit est déposé dans
les archives de la commune, M. Laindet de
Lalonde établit, autant que faire se peut
lorsqu'il s'agit d'un passé trente fois sécu-
laire, que vers le dixième ou le neuvième
siècle avant notre ère, les Phéniciens fondèrent une teinturerie en pourpre sur la plage
de Lagoubran, non loin d'un *canton* Celto-
ligurien, nommé *Telo*, et que cet établissement fut l'origine d'une ville industrielle
et commerçante connue d'abord sous le
même nom de *Telo*, et plus tard, à l'époque
romaine, sous celui de *Telo-Martius*.

1

Les considérations historiques sur lesquelles M. de Lalonde s'appuie sont celles-ci :

D'après M. Amédée Thierry, — l'un des écrivains les plus érudits et les plus consciencieux de notre temps , — des navigateurs, venus de l'Orient, abordèrent pour la première fois la côte méridionale de la Gaule durant le XIIIᵉ siècle avant l'ère vulgaire, y revinrent attirés par les avantages que le pays leur présentait, et y bâtirent des comptoirs (1).

Un autre historien non moins autorisé, M. Antoine Ferrand, dit, dans son *Esprit de l'histoire*, que la plupart des villes, des ports, des îles qui sont sur le long de nos côtes, reçurent des colonies phéniciennes, et que ce serait une entreprise trop longue d'examiner en détail les preuves et les conjectures qui l'établissent (2).

---

(1) *Histoire des Gaules*. Tome 1er chap. 1er.

(2) Tome 1er. Lettre sur l'*histoire des Phéniciens et des Carthaginois*. Un autre écrivain, Samuel Bochart, dit également, dans son livre de *Chanaan* (tome 1er), que les Phéniciens avaient , dès le onzième siècle avant J.-C. des établissements sur toute la côte de la Méditerranée.

Or, ces preuves et ces conjectures, ne manquent pas à Toulon, et, Narbonne excepté (1), il n'y a point de cité, point de port qui puisse offrir des traces plus certaines de l'occupation phénicienne. Donc les Phéniciens vinrent à Toulon, et, s'ils y vinrent, eux seuls fondèrent la teinturerie en pourpre dont l'existence n'est pas contestée, et qui devint une manufacture impériale sous les Romains.

Telle est la thèse que soutient M. de Lalonde avec beaucoup de talent.

« Dès que les Phéniciens, ajoute-t-il, s'a-
» perçurent qu'avec le corail, on pêchait dans
» le port de Toulon le mollusque ayant les
» mêmes propriétés que celui de Tyr, qu'on
» trouvait dans ses bois l'arbre produisant
» le Kermès comme celui de leurs monta-
» gnes, qu'il sortait de ses sources des eaux
» tout aussi excellentes que les leurs pour

(1) Les Phéniciens, d'après M. de Lalonde, auraient importé l'industrie de la teinturerie en pourpre dans les Gaules, à peu près vers le temps où ils fondèrent Nimes (1244 av. J.-C.) et en auraient placé le centre à Narbonne, alors capitale des *Elesykès*, et déjà *renommée par son opulence et son immense négoce maritime* (Polybe livre III). *Histoire de Toulon.* Introd. p. 78.

» la teinture des étoffes, ils commencèrent
» par s'assurer la possession de quelque
» partie de terrain en y formant une petite
» colonie ; puis, plus tard, lorsque des re-
» lations intimes se furent établies entre
» eux et les indigènes, ils y élevèrent cette
» fameuse fabrique où l'on teignait en
» pourpre au moyen de leurs procédés,
» mais, selon toute apparence, avec les seu-
» les ressources locales. — La teinturerie de
» Toulon n'eut pas d'autres fondateurs ; les
» Romains purent la restaurer, l'agrandir,
» la réédifier même, pour en faire une ma-
» nufacture impériale ; mais dans l'origine,
» elle fut une usine succursale des grandes
» usines de Tyr, qui donna réellement à la
» ville (1), l'importance commerciale que
» divers auteurs lui ont attribuée à des ti-
» tres beaucoup moins certains. Il ne saurait
» plus y avoir aucune espèce de doute sur ce
» point. Du moment où il est avéré que les
» Phéniciens ont connu, fréquenté et ex-
» ploité les parages de Toulon, il devient

(1) « Quelques-uns tirant son nom du mot grec Teao,
tribut, ou du mot latin Telonium, *banque,* préten-
dent que c'était une ville de grand commerce. »
Mémoires de Trevoux, novembre 1723.

» impossible, sans détruire les croyances
» historiques les plus accréditées, de leur
» dénier le fait de la formation d'une co-
» lonie sur la plage, et moins encore celui
» de l'érection de la teinturerie en pour-
» pre. » (1)

Il serait difficile de mieux étayer une
opinion et de la soutenir avec plus de logi-
que. Je n'hésite pas, pour mon compte, à
partager la manière de voir de notre savant
bibliothécaire. Mais retrancherait-on dix
siècles au passé de Toulon, qu'il lui reste-
rait encore les seize ou dix-sept cents ans
que lui assure son inscription sur l'itinéraire d'Antonin (2). C'est-à-dire une anti-
quité tout-à-fait respectable.

Cependant il n'existe plus à Toulon le
moindre vestige apparent du séjour des Ro-

---

(1) *Histoire de Toulon*. Tome 1er. Introduction
page 81.

(2) *Ab Alconis, Pomponianis portu...* x mille pas
    A Pomponianis , Telone-martio portu....
    xv mille pas.
    A Telone martio.......
                P. WESSELINGIUS. *Vet. Rom.*
                    itin. marit.

L'itinéraire maritime d'Antonin - Auguste
est le premier document historique venu jusqu'à

mains, ces grands et infatigables architectes
qui ont partout laissé des traces de leur passage. Ce n'est pas que notre ville ait été dé-
laissée par eux, et qu'elle n'ait eu ses monuments comme les autres possessions romai-
nes. Nous savons, au contraire, qu'ils y
bâtirent un temple dédié à Apollon. Ce fait
résulte d'une lettre écrite, le 11 novembre
1370, par Guillaume de la Voute, nonce du
Pape en Sicile, dans laquelle il disait au R.
P. Lorensci, de l'ordre de Saint-Bénoit,
qu'il possédait à Toulon, *lorsqu'il était
évêque de cette ville* (en 1366) *une belle
mosaïque provenant de l'ancien temple
d'Apollon* (1). » Nous savons aussi, par la
Notice de l'Empire, et par les fondations
sur pilotis que l'on a trouvées à Lagoubran,
qu'ils avaient construit sur ce point, un

nous où il soit fait mention de la ville celto-romaine
de *Telo-martius*: mais cela ne saurait prouver,
comme on a essayé de le faire, que Toulon fut fondé
précisément à l'époque de la publication de cet itiné.
raire, et non antérieurement.

(1) Cette lettre autographe est à Gênes, entre les
mains d'un descendant du P. Lorensci, M. Emma-
nuel Cosco, qui l'a communiquée à M. de Lalonde,
avec divers autres papiers relatifs à l'ancienne Provence.

bel établissement pour la teinturerie en pourpre, et, dernièrement encore, en creusant le sol pour asseoir le nouveau théâtre, n'a-t-on pas découvert, au milieu d'une vingtaine de tombeaux romains une immense mosaïque?

Pour connaître le passé de Toulon, il faut donc consulter les entrailles de la terre, et encore ont-elles été si fréquemment boule-versées, qu'il devient de jour en jour plus rare d'y rencontrer ces tombeaux et ces médailles, que l'on y découvrit par centai-nes, il y a un demi-siècle, en réparant le vieux chemin de La Valette, et il y a vingt ans, en défonçant le terrain du cimetière actuel! Bientôt on aura arraché à la terre la dernière trace de l'occupation romaine. Or déjà l'absence de tout monument resté debout, avait fait douter de cette occupa-tion.

Mais l'histoire, qui ne mentionne la cité toulonnaise que pour déplorer les invasions qu'elle a subies, l'histoire explique cette pénurie de monuments en racontant ce qu'elle a souffert. Comment, après avoir été plusieurs fois détruite et si souvent ravagée par les guerres, la peste et la famine, aurait-elle pu conserver le moindre souvenir de son passé !

Pendant sept cents ans, en effet, — du ve au xiie siècle. — les Vandales, les Wisigoths, les Ostrogoths, les Bourguignons, les Huns, les Franks, les Lombards, et après ceux-ci les Sarrasins, bouleversèrent ce pauvre pays et renversèrent tout ce qui pouvait y avoir été élevé par les Grecs ou par les Romains.

Reconstruite après l'expulsion des Sarrasins, qui furent chassés du Fraxinet par Guillaume Ier, comte de Provence, vers l'an 973, la ville de Toulon fut de nouveau envahie et détruite, en 1178, par des pirates de la même nation qui, d'après l'historien Papon, massacrèrent trois cents habitants et emmenèrent le reste en Afrique (1). Ce n'est qu'à partir du xiiie siècle que, défendu par une enceinte fortifiée (2), Toulon put résis-

---

(1) *Histoire générale de Provence.* T. 2. p. 259. — Plus loin le même auteur ajoute : « En 1197, les sarrasins firent une nouvelle descente sur les côtes de Provence. Les habitants de Toulon furent enlevés, et il se trouva encore des hommes qui vinrent habiter un pays où la vie et les biens étaient continuellement en péril ! » P. 274.

(2) J'ai sous les yeux une charte originale, en date du 25 septembre 1285, dans laquelle le juge

ter aux attaques de ses ennemis et se fonder d'une manière définitive.

Possédée depuis 973 jusqu'en 1261 par des seigneurs particuliers, cédée ensuite aux comtes de Provence (1), la *cioutat de Tholon* n'eut ni les ressources ni la tranquillité nécessaires pour élever des monuments. Ses seigneurs particuliers, et, après eux les comtes de Provence lui enlevèrent jusqu'à son dernier florin et à son dernier adolescent, pour faire la guerre soit aux autres seigneurs provençaux, soit en Italie (2).

d'Hyères dit, à propos de la reconstruction des fortifications dont les frais devaient être supportés en partie par les ecclésiastiques... *pro tempore fuerant in tholono contribuisse in aliis clausuris muris seu edificiis ibi factis.*— Cet ordre est donné sur les instances des *milites et cives Tholoni, qui supplicaverunt ut ad inforciandum dictum locum quem inforciari muris et inforciamentis aliis intendebant.* etc.

(1) Sibille, fille de Gaufridet (des vicomtes de Marseille), laissa, par son testament du 14 août 1261, la seigneurie de Toulon, à Charles IV d'Anjou, comte de Provence.

(2) Par une missive du 30 novembre 1319 (déposée en original dans les archives de la commune. — Série E E.), le juge d'Hyères convoqua tous les jeunes

Sous la domination française, c'est-à-dire
à partir de l'année 1481, époque où la Provence fut réunie à la France , par suite du
testament de Charles III d'Anjou (1), ce fut
exactement la même chose. François Ier
laissa pénétrer l'étranger en Provence ; Toulon fut occupé par les troupes de Charles-
Quint et même par celles de Barberousse.
Ce dernier, il est vrai , y était venu en qualité d'allié du roi Très-Chrétien ; ce qui ne
l'empêcha pas de dévaster profondément la
ville et son territoire (2).

gens de Toulon, de 16 ans et au-dessus, pour se
rendre en armes, *sous peine de mort*, à Hyères, et
pour de là aller assiéger le château de *Dulcis-Aquæ*.
— Je lis d'autre part, dans l'*Histoire de Provence*
du père Papon, t. 3, p. 126, qu'à la même époque ,
en 1319, « lorsque le sénéchal de Provence assem-
« bla les milices pour aller faire le siége de *Dolce-*
« *Aqua* , la ville de Toulon n'avait plus d'hommes
« en état de porter les armes. »

(1) Charles III, d'Anjou, dernier comte de Provence, mourut le 11 décembre 1481, et institua pour
héritier Louis XI et après lui le Dauphin de la cou-
ronne. » — ROUCHON. — *Résumé de l'Histoire de
Provence*, p. 291.

(2) M. Henry, ancien archiviste de la ville, a publié , dans le bulletin de la société des Sciences, Arts

Sous les successeurs de François Ier les guerres de religion et la Ligue livrèrent Toulon à d'autres calamités. Si on ajoute aux invasions étrangères, aux troubles politiques ou religieux, la peste et la famine qui se mirent de la partie, on aura un résumé aussi exact que complet de l'histoire de notre ville, pendant les trois premiers siècles de sa renaissance.

Henri IV, Louis XIII et Louis XIV firent de Toulon un grand port militaire, et, de cette époque date son développement prodigieux, qui en a fait une des villes les plus importantes de la France. Je ferai connaître, dans un autre chapitre, les diverses causes de ce développement, en résumant l'histoire de l'Arsenal de Toulon que vient de publier M. Brun, commissaire général de la marine ; mais avant de commencer cet examen analytique d'une œuvre remarquable à plus d'un titre, je crois qu'il ne sera pas sans uti-

et Belles Lettres de Toulon, une notice très-intéressante intitulée : *Séjour de la flotte de Barberousse à Toulon, en 1543.* Il est dit dans cette notice que les Toulonnais « furent obligés d'abandonner la ville sous peine de mort. »

lité, dans l'intérêt du voyageur qui arrive à Toulon, et qui désire visiter l'Arsenal, de décrire ici, en quelques lignes, l'état actuel de ce bel établissement maritime, l'un des plus vastes, sinon le plus vaste qui existe en Europe.

DEUXIÈME PARTIE.

VISITE A L'ARSENAL.

Quelque grandiose que soit l'aspect de l'Arsenal, avec son allée, d'un kilomètre environ, bordée d'un côté par l'immense bâtiment de la corderie et de l'autre par les quais, les cales couvertes et le Magasin Général, il est impossible à celui qui entre pour la première fois dans ce magnifique établissement, de se former une idée exacte de son étendue et de son importance.

Bien étonné, en effet, serait le visiteur auquel on dirait, ce qui est rigoureusement vrai cependant, que les divers bâtiments et les darses des arsenaux de Vauban, de Castigneau et de Missiessy occupent une surface totale de **200** hectares, c'est-à-dire de 2 millions de mètres carrés ; il serait plus étonné encore si on ajoutait que ces divers établissements se développent sur une ligne de 5 kilomètres, et qu'ils ont coûté en somme ronde plus de cent millions (1), sans compter les 40 millions que l'on doit dépenser pour prolonger l'arsenal Castigneau jusqu'à Lagoubran et au delà.

Tous ces travaux n'ont pas été faits par une seule génération, comme on le pense bien. Fondé, sur des bases peu étendues, par le roi Henri IV, vers 1595, continué sous le règne de Louis XIII, et agrandi sous l'impulsion de Colbert et de Vauban, l'arsenal de Toulon n'a pas cessé depuis cette époque d'être l'objet de la sollicitude des gouvernements qui se sont succédé.

Ce fut en 1660 que Louis XIV, étant à Toulon, conçut la pensée de donner une grande extension à l'établissement fondé par son aïeul. Quelques années plus tard, en effet, le chevalier de Clairville, chef des in-

(1) Ce chiffre considérable n'étonne plus quand on réfléchit que les plans de l'arsenal furent dressés à une époque où Louis XIV dépensait 116 millions pour construire Versailles. (Voyez l'*Histoire de Colbert*, par M. Pierre Clément, p. 200).

génieurs militaires de France, était envoyé
à Toulon, et dressait avec Vauban, qui lui
succéda en **1678**, les plans du vaste arsenal
connu aujourd'hui sous le nom d'*Arsenal
Vauban*, et qui depuis un demi-siècle a été
quadruplé dans son étendue.

La Corderie fut le premier bâtiment élevé
sous la direction de ces habiles ingénieurs.
C'est aussi le premier monument que l'on
visite, en compagnie du planton de la marine, auquel est confié tout étranger qui
pénètre dans l'arsenal (1). Il est impossible
de ne pas reconnaître le génie de Vauban
dans cette remarquable construction. Du
seuil de la porte le regard émerveillé et satisfait tout à la fois, parcourt une immense
salle voûtée et n'en voit le fond qu'à travers
la plus imposante perspective que l'on
puisse imaginer. Conception large, simpli-

(1) Pour visiter l'arsenal, il faut une permission,
qui n'est jamais refusée aux personnes qui peuvent
justifier de leur identité au moyen d'un passeport
ou de toute autre pièce. Cette permission est dé-
livrée le matin, à dix heures et demie, dans les
bureaux du major général de la marine, situés sur
la place du champ-de-bataille, elle fait connaître le
nom du planton qui doit accompagner le visiteur
dans l'arsenal.

cité élégante dans l'ensemble, exécution
parfaite dans les détails, tout est admirable dans ce chef-d'œuvre d'architecture,
qui n'a pas moins de 400 mètres de profondeur (1). Mais l'attention est bientôt dis-
traite par le bruit des machines qui semblent pressées d'en finir et qui, cependant,
s'agitent sans cesse. Ici on les voit s'emparer
du chanvre, plus loin elles le filent, puis le
tortillent et *commettent* ensuite des cordages de toutes dimensions. Ainsi en entrant,
on a vu la matière première entassée dans
une vaste salle, et, après avoir assisté à une
transformation instantanée et complète, on
ne quitte pas l'atelier sans voir s'échapper
des dernières machines, de gros câbles gou-
dronnés ou de minces ficelles blanches,
parfaitement confectionnées.

(1) Les ingénieurs distingués qui dirigent actuellement les travaux de l'arsenal, ont effectué il y a
quelques années, dans l'intérieur de ce monument,
une opération extrèmement délicate, qui a parfaitement réussi. Les piliers qui soutiennent les 196
voûtes d'arête sur lesquelles repose l'étage supé-
rieur, menaçaient ruine MM. Noël et Raoulx, sont
parvenus à reconstruire la plus grande partie de ces
piliers, sans porter la moindre atteinte à la solidité
de l'édifice.

La même activité, les mêmes merveilles obtenues par de puissantes et ingénieuses installations attendent le visiteur dans l'atelier des forges ; mais ici le bruit et la chaleur sont extrêmes, on est bien aise d'en sortir au plus tôt.

En quittant ce noir séjour on est vraiment heureux de respirer le grand air. La mer, toujours calme et bleue, que l'on aperçoit à travers le feuillage des arbres et les cales couvertes, réjouit la vue. Ces cales elles-mêmes, d'une construction hardie et imposante, méritent de fixer l'attention. De nombreux ouvriers y travaillent sans encombrement autour des plus gros vaisseaux (1). Plus tard, lorsque le moment du

(1) Rien ne me paraît révéler l'étendue considérable de l'arsenal comme l'isolement dans lequel il semble toujours plongé, alors même que les travaux y ont le plus d'activité. Ainsi on compte ordinairement 10,000 ouvriers, dont 4,000 entretenus par l'état, 3,000 appartenant aux entrepreneurs et 3,000 condamnés, or, à moins d'entrer dans les ateliers, on ne peut pas avoir une idée du personnel qu'ils renferment et, même au moment de la sortie, lorsque tous les ouvriers se réunissent près de la porte, à peine occupent-ils la dixième partie de l'espace disponible.

lancement étant arrivé, ces vaisseaux ont quitté le chantier et sont majestueusement descendus dans la mer, en déplaçant une quantité d'eau prodigieuse (spectacle émouvant entre tous), on est étonné qu'ils aient pu être contenus sous des hangars dont on n'avait pas remarqué tout d'abord les vastes dimensions.

Sur la même ligne que les cales couvertes, mais un peu plus loin, s'élève le Magasin général, beau monument de 104 mètres sur 20, qui fut construit au commencement de ce siècle, sur l'emplacement des anciens magasins élevés par Vauban, en 1679, et incendiés par les Anglais en 1793.

Si l'on voulait s'arrêter devant tous les édifices, et visiter tous les ateliers que renferme l'Arsenal, il faudrait y consacrer des journées entières et même des semaines; aussi passe-t-on rapidement devant la plupart d'entr'eux. On est d'ailleurs pressé de voir le Parc d'artillerie et la Salle d'Armes.

Un petit canal sépare l'Arsenal en deux parties. Dès que l'on a traversé ce canal, on aperçoit entassés sur les quais qui conduisent vers le parc d'artillerie, de nombreuses bouches à feu de tout calibre, simulant des batteries superposées. Ici ce sont des mortiers

peints en noir portant des inscriptions qui
rappellent nos victoires du dernier siècle. là
ce sont des montagnes de canons rayés qui
disent nos récents triomphes; puis, au milieu
d'une vaste cour, s'élève, isolé, un trophée
construit avec les obusiers, les canons
et diverses autres pièces enlevées aux
Russes. Au sommet, sur un canon posé debout, portant le nom de Sébastopol, se
tient, les ailes déployées, l'aigle impérial
de Napoléon.

Après avoir examiné en détail les formi-
dables objets qui peuplent cette partie de
l'Arsenal, on monte à la Salle d'Armes par
un très-bel escalier situé à droite de la cour.
Rien n'est plus joli, ni plus coquettement
installé que ce musée d'artillerie. On se
croirait dans un boudoir. Le jour y est sa-
vamment ménagé; une seule chose est regrettable, c'est le peu d'étendue et d'élévation de la salle. On y manque d'air et d'espace.

De la Salle d'Armes au Bazar et au Bagne,
la course est longue; mais on est si occupé
à regarder les nombreux et magnifiques
vaisseaux qui sont alignés sur le quai, at-
tendant leur tour pour être armés ou répa-
rés, que l'on oublie la fatigue. Quand on

pense que ces vaisseaux, véritables monuments, coûtent l'un dans l'autre trois millions, et peuvent contenir, avec des approvisionnements pour six mois, de mille à
douze cents hommes, on comprend l'importance de l'établissement où ils se cons-
truisent et où l'on fabrique la plupart des
objets qu'ils renferment.

Le bâtiment du bagne est très-vaste,
mais il n'a rien de monumental. Il n'a pas
non plus l'aspect d'une prison. De grandes
salles parfaitement aérées et bien tenues,
sont affectées au logement des forçats. Leur
ameublement est très-simple; il se compose
d'un immense et solide lit de camp, rien de
plus. A la tête du lit sont roulées, pendant le
jour, les couvertures dont s'enveloppent les
condamnés pendant la nuit; au pied du lit,
de forts anneaux en fer reçoivent la barre
de métal que l'on introduit dans la chaîne de
chaque couple. Les forçats sont répartis dans
ces chambres selon la durée de leur peine, de
manière à ne pas mettre en contact les cri-
minels endurcis avec les débutants, ni les
condamnés à perpétuité avec ceux qui ne
doivent passer que quelques années dans le
bagne. Les mêmes précautions sont prises
pour la distribution de la soupe qui se fait

dans la salle où sont les lits ; chaque salle a une cuisine particulière où se préparent les aliments, que l'on fait passer à travers une fenêtre solidement installée.

A l'extrémité du Bagne et en face d'une de ces salles, que l'on ne manque pas de visiter, se trouve le bazar où sont mis en vente les différents ouvrages exécutés par les condamnés. Il y a toujours foule dans ce petit local, aux heures où l'Arsenal est accessible aux étrangers : chacun veut emporter un souvenir de son passage à Toulon, et comme, pour le plus grand nombre de visiteurs, Toulon c'est l'Arsenal, et l'Arsenal le Bagne, il faut absolument qu'ils achètent une des mille inutilités, souvent très-jolies et très-artistement sculptées, qui sont exposées dans le bazar des condamnés.

Non loin du bagne, on remarque, en se dirigeant vers les bâtiments de l'horloge, trois grands bassins où s'exécute l'opération du radoub des vaisseaux. Le plus ancien de ces bassins, celui qui est le plus rapproché du bagne, fut construit, en 1774, par l'ingénieur Groignard, dont il porte encore le nom.

L'histoire de cette construction est intéressante.

— Depuis fort longtemps on cherchait en vain le moyen d'établir des bassins de radoub dans les ports de la Méditerranée, où l'on n'avait pas, comme à Brest, la ressource de la marrée basse pour réparer les vaisseaux. On se trouvait, par suite, dans la triste nécessité de démolir les vaisseaux qui auraient demandé un radoub considérable. Duguay-Trouin, pendant son séjour à Toulon, en 1732, avait appelé l'attention du roi sur cet objet, et depuis ce moment les ingénieurs, stimulés par le ministre de la marine, se livraient à des études constantes qui, jusqu'alors, n'avaient pas abouti. Enfin le 22 mars 1774, M. Groignard, commissaire ordonnateur et ingénieur-constructeur de la marine présenta au Conseil d'administration du port, un remarquable projet et lut un très bon mémoire qui fut vivement applaudi. Le 11 août suivant, l'immense caisson, de 300 pieds de longueur sur 100 pieds de largeur, dans lequel devait être construit le bassin, fut mis à flot avec le plus grand succès, et devint l'objet de la curiosité publique, le but de la promenade de tous les habitants de la ville, qui étaient alors admis librement dans l'arsenal. Les nouvellistes et les plus incrédules, qui doutaient de la réussite de cet ouvrage, accouraient pour se convaincre de la vérité du fait. La caisse fut coulée à 30 pieds de profondeur au-dessous du niveau de la mer, dans un emplacement, situé devant le bagne, qui avait été désigné par Duguay-Trouin. Les travaux de maçonnerie commencèrent immédiatement et l'œuvre conçue par un homme de génie, se réalisa de la manière la plus heureuse, malgré les craintes qu'inspiraient les propos malveillants, et toutes les difficultés que suscitait la jalousie au savant ingénieur, qui dotait le port d'une construction éminemment utile.

Commencés en 1774 et terminés en 1779, ces travaux coûtèrent trois millions (1).

Les deux autres bassins de radoub sont d'une époque plus récente. Le second fut construit de 1827 à 1838 par M. l'ingénieur Bernard, et coûta également trois millions, bien qu'on eût employé un moyen beaucoup plus expéditif ; on remplaça l'immense caisson, dont s'était servi M. Groignard, par une enceinte de béton formant bâtardeau.

(1) Ces détails historiques sont extraits des notes qui m'ont été communiquées avec beaucoup d'obligeance par l'un des ingénieurs du port.

M. l'ingénieur Noël, actuellement directeur
des travaux hydrauliques, construisit en
1839, le troisième bassin, qui est un peu plus
grand que les autres, et dont la dépense ne
s'est élevée qu'à 1,800,000 francs.

Après avoir admiré l'ingénieux système
qui permet de vider ou de remplir ces
grands bassins, et après avoir traversé l'un
des bateaux-portes qui en ferment les is-
sues, on revient vers les bâtiments de l'horloge où se trouve la salle des modèles, petit
musée, renfermant en miniature les vaisseaux de diverses dimensions et la plupart
des machines que l'on a pu remarquer dans
cette rapide course sur les quais et à travers
les ateliers de l'arsenal.

Si après cette promenade qui n'a pas
duré moins de trois heures, le visiteur est
en état de rester sur ses jambes pendant
quelque temps encore, il pourra se diriger
vers l'arsenal de Castigneau pour jeter un
regard sur les agrandissements effectués, et
se rendre compte de l'importance de ceux
que l'on prépare ; mais je crois que cette
course ne peut être faite dans la même journée. Le visiteur reviendra donc sur ses pas
et sortira par la porte principale, que j'ai
oublié de lui signaler au moment de son

entrée. Cette porte est cependant tout-à-
fait digne d'attention. Elle fut construite
en 1738. Les quatre colonnes accouplées,
d'ordre dorique, qui la soutiennent, sont
d'un seul morceau de marbre cipolin. Deux
belles statues, l'une de Verdeguier et l'autre
de Lange, en décorent le fronton ; la première représente Mars et l'autre Minerve.
Entre ces deux figures existait autrefois une
inscription qui a été effacée pendant la Révolution. Au-dessus, et des deux côtés d'une
ancre qui a remplacé d'anciennes armoiries,
se tiennent deux génies sculptés par
Hubac, aïeul de Louis Hubac, le regrettable
et grand artiste de Toulon, dont le *Plutar-
que Provençal* va publier la biographie.

En quittant l'Arsenal, on est rempli du
souvenir des grandes choses que l'on vient
de voir ; mais il reste en même temps, au
fond du cœur une tristesse indicible. Cette
impression, à laquelle peu de personnes
échappent, est produite par le spectacle na-

vrant des malheureux qui trainent leurs
chaînes et que l'on a rencontrés partout.
Je comprends le sentiment dont fut pénétré
le poëte Charles Poncy, notre compatriote
et ami, après une visite qu'il fit à l'Arsenal
il y a quelques années. « J'ai récemment
exploré le bagne, dit-il, dans le but d'en
faire ici la description détaillée, et, comme
toujours, j'en suis sorti accablé de tristesse. »
— Je me suis toujours demandé, ajoute-t-il,
s'il n'y a pas une certaine pudeur à ne pas
jeter en proie au public les larmes de ceux
de ces malheureux qui se repentent, les
anathémes de ceux qui blasphèment. » Mais
bientôt il chasse ces souvenirs pénibles et
raconte comment il a reçu les confidences
d'un condamné. Il lui attribue quelques vers
remarquables sur l'amour, que je reproduis
volontiers ici, ne serait-ce que pour faire
connaître une des plus fraîches compositions du poëte Toulonnais :

> Toi qui règnes sur mon âme,
> Douce femme !
> Ravissante fleur des champs !
> Ecoute ce que m'inspire
> Mon délire ;
> Prête l'oreille à mes chants.

Quand j'aperçois, ô ma belle,
      L'étincelle
Qui jaillit de ton œil noir,
D'un beau ciel que rien ne voile
      C'est l'étoile
Que l'on voit briller le soir.

Que ne suis-je l'oiseau mouche
      Dont ta bouche
Aime le vol caressant :
Ébloui comme un phalène.
      Ton haleine
Me brûlerait en passant.

Je voudrais être la soie
      Qui se ploie
Sur ton beau col de satin
Ou l'odorante pensée
      Balancée
A ta lèvre, le matin.

Je voudrais être la mousse
      Verte et douce
Qu'effleure ton pied léger.
Je voudrais être l'ombrage
      Du bocage
Où, le soir, tu viens songer.

Lorsque ton front, que j'adore,
Se colore
Sous les nattes de velours,
Je frissonne, car je pense
Qu'en silence,
Tu rêves d'autres amours !

Tu demandes si je t'aime !...
Vois toi-même,
Vois tout l'amour de mon cœur.
Et que ta bouche dorée,
Adorée,
M'appelle enfin ton vainqueur. (1)

Cette charmante poésie, ces rêves d'amour
semblent jurer avec les mœurs du bagne;
mais en y réfléchissant on comprend que, jeté
malgré lui dans un milieu dégradant , le
jeune condamné cherche à s'en éloigner au
moins par la pensée, et qu'il demande à son
imagination une seconde existence toute
parfumée de doux sentiments. Quoiqu'il en

(1) Voyez, dans l'*Illustration, journal universel,*
de 1846, une série d'articles sur l'Arsenal de Toulon,
publiés par Charles Poncy et illustrés par Letuaire.

soit, M. Charles Poncy, a saisi cette occasion pour chanter l'amour, et nous devons l'en remercier ; car, son gracieux talent en nous transportant dans un monde idéal, nous a fait oublier les misères trop réelles du bagne. C'est beaucoup, mais je voudrais mieux que cela, je voudrais que l'Arsenal de Toulon obtint la même faveur que ceux de Brest et de Rochefort, et que, débarrassé de sa population exceptionnelle, il n'offrit plus aux ouvriers et aux visiteurs un spectacle qui n'est utile pour personne.

TROISIÈME PARTIE.

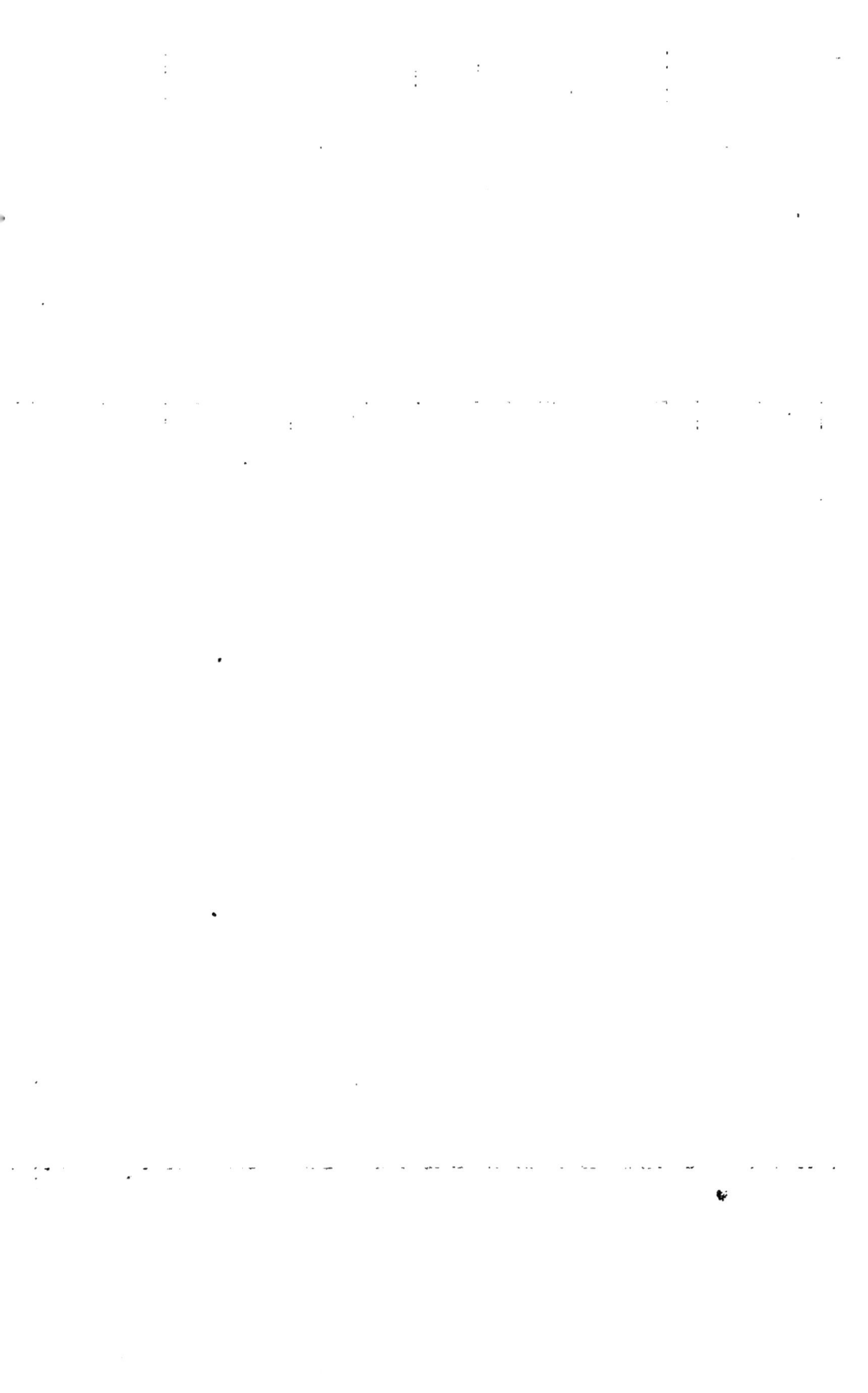

EXTRAIT ANALYTIQUE

De l'Ouvrage publié par M. V. BRUN, Commissaire général de la marine, sous le titre de **GUERRES MARITIMES DE LA FRANCE** : Port de Toulon, ses Armements et son Administration depuis son origine jusqu'à nos jours.

———

En écrivant l'histoire des guerres maritimes de la France, M. V. Brun a écrit, en quelque sorte, l'histoire de notre ville, depuis le règne d'Henri IV jusqu'à nos jours, c'est-à-dire, depuis le moment où Toulon, cessant d'être un port commercial est devenu essentiellement militaire, et où son existence s'est trouvée étroitement liée à celle de l'arsenal maritime.

Antérieurement, et à une époque très-ancienne, Telo-Martius, grâce à ses teintureries en pourpre, avait occupé un rang distingué parmi les villes industrielles. La notice de l'Empire, qui remonte au IV° siècle, en fait foi (1). Plus tard, après avoir subi

(1) Liv. II, ch. XXXIX

plusieurs invasions, après avoir été deux
fois détruite par les Sarrasins, et s'être re-
levée deux fois sur ses ruines, la cité toulonnaise, alors renommée pour ses savon-
neries et ses tanneries acquit une importance commerciale, qui est attestée par
divers documents du moyen-âge, et, notamment, par un traité de paix et de commerce qu'elle conclut, le 24 septembre 1225
avec la ville de Montpellier (1).

L'histoire de ces temps éloignés a déjà été
écrite, et de la manière la plus remarquable
par notre savant bibliothécaire, M. Charles
Laindet de Lalonde. Aussi M. V. Brun,
dans l'important ouvrage que je vais essayer
d'analyser, passe-t-il rapidement sur les
événements qui ont précédé la fondation de

(1) Notum sit quod nos Gaufridus, dominus Tholoni, per nos et fratres nostros, per nos et villas
nostras, per milites et homines nostros, facimus et
donamus pacem pro vobis et universitate montispessulani, promittentes quod per totam terram nostram
et dominationem nostram homines montispessulani,
in rebus et personis, tam in terra quam in aqua, pro
posse nostro custodiemus et defendemus, etc., etc.
Anno domini M° CC° XX° V°, VIII° Kalendas oc-
tobris, indictione XIII. — (*Hist. de Montpellier* par
M. Germain. — Tome II, page 453.)

l'arsenal maritime. Mais, à partir de ce moment, son récit, appuyé sur des documents authentiques et nombreux, n'est plus interrompu. Il nous fait assister année par année, jour par jour, aux progrès de la marine. L'histoire de ce développement successif de nos établissements maritimes, et notamment de l'arsenal de Toulon, est remplie d'attraits pour tous, mais particulièrement pour les Toulonnais. Je vais donc, sans crainte de fatiguer les lecteurs de ce journal, extraire de l'œuvre de notre compatriote, sinon tous, du moins la plus grande partie des détails qu'elle renferme sur les armements et l'administration du port de Toulon.

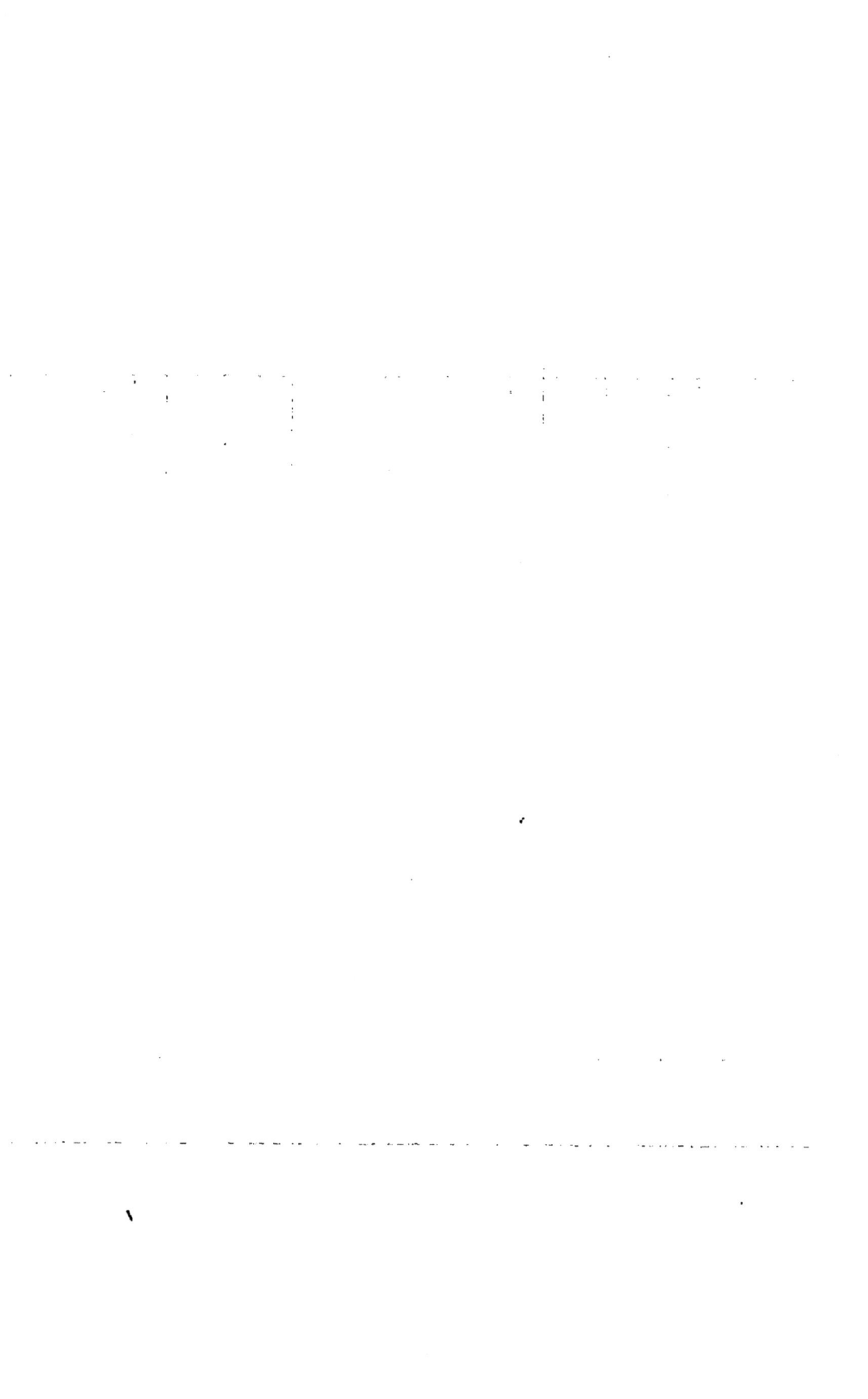

I.

Henri IV fonde l'arsenal de Toulon ; — il concède à la commune les terrains conquis sur la mer ; — cette concession est amoindrie par un arrêt de la Cour des Comptes de Provence.

M. V. Brun fait connaitre, en ces termes, les motifs qui déterminèrent le roi Henri IV à créer un arsenal à Toulon.

« Le cardinal d'Ossat, ambassadeur de France à Rome, écrivait à Henri IV et au ministre de Villeroi, dans le temps où il alla négocier à Florence la restitution des îles de Marseille, que c'était une très-grande honte qu'un si grand royaume, baigné de deux mers, n'eut point de vaisseau de guerre et fût sans moyen de se défendre de quatre méchantes galères d'un duc de Florence, il répétait, à toute occasion, qu'il fallait à la France

une marine pour sa sûreté et sa réputation.
(Lettres 136, 141, 150-1598). Les sollicitations de ce ministre éclairé, ami de sa pa-
trie, habitué à parler avec franchise, ne
furent pas inutiles. Henri IV avait suivi ses
conseils en plus d'une occasion ; il en profita dans celle-ci. On leur doit le retour de
la France à des idées de marine et de navigation, et le parti que le roi prit de fonder un
arsenal à Toulon. — L'agrandissement de la
ville, entrepris en 1589, se faisait alors et
était presque accompli. L'on avait voulu en
faire une place forte « parce que, tant pour
» la commodité du port que comme l'une
» des clefs de la Provence, elle importait à
» la conservation du pays, et qu'il fallait
» empêcher que la ville et la rade ne fus-
» sent encore occupées par des armées et
» des flottes ennemies, comme dans les in-
» vasions de Charles-Quint. » La pensée
d'alors ne s'étendait guère plus loin ; on n'a-
vait pas encore solidement songé à créer
l'Arsenal, et ce ne fut que quelques années
après, lorsqu'il fut question de régler la
concession des terrains conquis sur la mer,
qu'un arrêt du 30 juin 1599 prescrivit de
réserver des places pour un arsenal, pour
des magasins et pour la construction des

vaisseaux. Cette date si rapprochée de celle de 1598, où écrivait le cardinal, fait comprendre la prompte influence de ses exhortations ; c'est à ce moment que l'arsenal s'ouvre. »

M. V. Brun, auquel je céderai souvent la plume, car il s'agit de faire connaître son œuvre, donne ensuite, dans un style extrêmement précis et parfaitement approprié à son sujet, la description exacte de la ville de Toulon à cette époque :

« Jusqu'alors, ajoute-t-il, ce qu'on appelait le port de Toulon n'était qu'une plage fort étroite, fermée par une espèce de panne établie plutôt pour la police des bâtiments que pour leur sûreté. La ville elle-même consistait en ses quartiers du centre, renfermés entre le Cours, les rues des Marchands et de l'Evêché, et celle des Chaudronniers. Elle était comme partagée au milieu par un très-petit canal qui aboutissait jusque devant la paroisse.

« La ville, dans son agrandissement, s'étendit à l'Est et au Nord, jusqu'aux remparts que nous avons vus encore, à l'Ouest jusque vers la rue des Savonnières, qui était adossée à des remparts démolis depuis longtemps. Elle fut environnée de bastions et de courtines qui, s'avançant dans la mer par deux grands môles, formèrent le port que l'on a appelé plus tard la vieille Darse.

» Tous ces travaux furent faits aux dépens de la ville, à qui le roi, par considération, céda des places pour y bâtir des maisons. Celles qui sont sur le port datent de cette époque.

» Dans la partie de terrain réservée pour l'arsenal se trouvèrent enclos le vieux chantier de construction et le canal situé devant les bureaux de direction, et la même Darse comprit le port marchand et le port militaire, que des pannes seulement séparèrent.

« L'intérieur des môles fut destiné pour l'abri et l'amarrage des vaisseaux de guerre, en empruntant leur nom du rang des bâtiments que l'on eût plus particulièrement la coutume d'y placer ; les deux côtés furent appelés depuis le *Grand Rang* et le *petit Rang*.

» L'on y trouva même une place pour les galères que Henri IV fit venir de Marseille à Toulon, où il les jugeait plus à portée d'éloigner des côtes de Provence les armements des princes voisins. Ce fut en 1609 qu'il les y appela, invitant par une lettre du 27 novembre, les consuls à les y recevoir, et leur faisant ordonner par le général des galères, de Joigny, de faire creuser jusqu'à **12** pans (3 mètres) la profondeur de l'endroit qui leur fut destiné.

» Ainsi se préparèrent les moyens qui ont formé tant d'escadres sorties de Toulon , et dont bientôt les premières firent la gloire du port et de la marine française. »

Il ne sera pas sans intérêt ni sans à propos d'ajouter ici quelques détails sur la concession des terrains, conquis sur la mer, qui furent cédés par le roi Henri IV à la ville de Toulon , à titre de dédommagement des dépenses considérables qu'elle avait faites , en construisant à ses frais les nouveaux remparts et les deux môles : concession royale qui fut singulièrement amoindrie par un arrêt de la Cour des Comptes.

Mais, pour bien apprécier la portée de cet arrêt , il faut connaître les circonstances dans lesquelles il fut rendu. Le fait est remarquable et mérite que l'on s'y arrête.

Les Toulonnais sollicitaient l'agrandissement de leur ville depuis près d'un siècle , lorsque, Henri III étant mort, Bernard de La Valette vint occuper Toulon au nom du roi Henri IV, le 19 août 1589.

Peu de jours après, s'étant rendu compte de la situation, et voulant sans doute exciter la fidélité des Toulonnais, dans un moment où un fort parti, en Provence, repoussait l'autorité royale (1), il leur permit d'agrandir la ville, conformément aux projets arrêtés depuis longtemps déjà, et, le 15 septembre, il passa un *prix-fait* avec Pierre Hubac, qui se chargea de tous les travaux de maçonnerie. Les termes de ce marché, dans lequel La Valette agit au nom du roi, font supposer qu'il prit l'engagement de rembourser les déper - ses qui seraient faites à cette occasion.

Sur la foi de cette promesse, les Toulonnais se mirent courageusement à l'œuvre. Ils dépensèrent en quelques années plus de 300,000 livres, somme énorme pour cette époque, et qui représente près d'un million de notre monnaie actuelle.

En 1595, les travaux de l'agrandissement

(1) Henri III était mort le 1er août. Les Toulonnais firent leur soumission à La Valette le 19 du même mois, et, le 15 septembre, ce dernier signait le *prix-fait* des travaux de l'agrandissement. Ces dates sont significatives. Elles témoignent du vif désir que le représentant d'Henri IV avait de s'assurer le dévoûment des Toulonnais, alors que plusieurs autres villes importantes refusaient de reconnaître le roi de Navarre, et notamment Marseille et Aix, qui ne se soumirent que 3 ou 4 ans plus tard.

étaient très avancés et presque achevés : mais la ville avait épuisé ses ressources et son crédit. Ce fut alors que les consuls sollicitèrent le remboursement de leurs avances et que, désespérant, vu l'état des finances royales, d'obtenir de l'argent, ils demandèrent la concession des terrains conquis ou à conquérir sur la mer, dans la pensée de les revendre au profit de la caisse communale. Leur demande fut accueillie avec un généreux empressement. Henri IV leur fit expédier immédiatement des lettres patentes, datées de Lyon, où il était en ce moment, et par lesquelles il reconnaît les services rendus par les Toulonnais et déclare leur concéder, non-seulement la propriété de tous les terrains à prendre sur la mer, mais aussi la jouissance des fossés construits par eux autour de la ville. Voici ce document, qui existe en original dans les archives de la commune :

« Henry, par la grâce de Dieu, roi de France et de Navarre, conte de Provence, Forcalquier et terres adjacentes, à tous, présents et à venir, salut.

» Nos chers et bien amez les consulz, manans habitans de notre ville de Tolon, nous ont faict remonstrer que estant la dicte ville

frontière et boulevard de mes pais et conté
de Provence, elle auroit tousjours esté en-
vyée tant des estrangers ennemis de cest
estat que de nos subjects rebelles, mesme
durant les troubles, qui auroit esté cause
que les dicts habitans pour la fidellité et
obéissance à nous deue, qui nous ont tous
jours gardée sans jamais avoir desvoyé du
vray chemin et devoir de bons et affection-
nés subjects, ont aussi veillé pour leur def-
fence et conservation et manutention de la
dicte ville en nostre obeissance. Ayant à
ceste occasion fait tous jours travailler à
leurs despens et par nostre commandement
aux fortifications d'icelle, mesme faict faire
de beaux et amples fossés et esté contraint,
pour ce faire, de desmolir plusieurs maisons
et jardins à la diminution de la dicte ville,
pour le rétablissement de la quelle ils ont
avisé de faire bastir dans le port du dict Tolon, en un lieu qui s'appelle la *Darsenne*,
plusieurs maisons le long d'une ou plusieurs
rues, qui si firent pour la décoration et augmentation de la dicte ville ainsy qu'ils verront plus commode, nous supplians et re-
querans à ceste occasion très humblement,
en considération des grands frais par eux ci-
devant faicts pour la dicte fortiffication et

garde de la dicte ville et qu'il leur convain-
dra faire pour la construction de la dite darsenne et maisons, qu'il nous plaist leur accorder tous les droits qui nous pourront advenir et estre deubs dans la dite darsenne ,
tant à cause de la dicte construction et bas-
timents de maisons que aultrement et d'i-
ceuls droits leur faire don, ensemble de l'e-
suffruit et revenus des dicts fossés nouveaux
faicts à l'entour du dict Tolon.

« SÇAVOIR FAISONS que nous, ayant égard à
leurs supplications et requestes, désirant
subvenir en tout ce qui nous sera possible,
pour reconnaître la fidellité et devoir en
quoy ils se sont tousjours contenus avec
obéissance a nous deue et pour leur donner
occasion de continuer , mesme de pouvoir faire achever ceste œuvre dans la dicte
darsenne pour la décoration et augmentation de la dicte ville.

» De l'advis de nostre conseil, avons aux
susdits consulz, manans et habitans de
nostre ville de Toulon, permis accordé et
octroyé et de nostre certaine science, plaine
puissance et auctorité rayal et provençal,
permettons accordons et octroyons, par ces
présentes, qu'ils puissent et leur soit loisible
faire faire une ou plusieurs rues dans la

4

dicte darsenne et port du dict Tolon, et y
bastir et construire des maisons le long
d'icelle ainsy qu'ils connoitront estre plus
comode pour le bien et utilité de la dicte
ville, et pour cest effet qu'ils puissent dispo-
zer des places y étant, les bailler et faire
vendre au plus offrant, ou faire bail des
dictes places ou maisons qui auront esté
construites à telles charges et ainsy qu'ils
verront bon estre, des quelles places nous
leur avons et faisons don et icelles quittées,
ceddées transportées et delaissées ceddons,
quittons transportons et délaissons par ces
dictes présentes, à la charge toutefois des
droicts et devoirs seigneuriaux le cas
échéant, que nous nous sommes retenus et
réservés, retenons et réservons, comme
aussi nous leur avons accordé transporté et
délaissé, délaissons accordons et transportons l'esuffruict en jouissance des dicts
nouveaux fossés faicts à l'enttour de la dicte
ville, pour jouir par eulx et leurs successeurs toutes les choses susdictes plainement et perpétuellement comme de leur
chose propre vray et loyal acquest. A la
dicte charge et réservation des susdicts
droicts seigneuriaux, SI DONNONS EN MAN-
DEMENT A NOS amez et feaulz conseillers les

gens tenans nostre cours de parlement,
chambre de nos comptes et cours de nos
aydes et finances, trésoriers généraux de
France et à tous nos aultres justiciers et
officiers qui l'apartiendra, que de nos pré-
santes concession, transport et contenu ci-
dessus ils fassent, souffrent et laissent les
dicts consulz et habitans de nostre dicte
ville de Tolon et leurs successeurs, jouir et
user plainement et paisiblement sans leur
faire, ny souffrir leur estre faict, ny donné,
aulcun trouble ou empeschement au contraire, lequel si faict était ostent et metent
et fassent réparer et remetre incontinant et
sans dellay, et à le faire et souffrir cons-
traignent et fasse constraindre tous ceulx
qu'il appartiendra par toutes voyes et ma-
nières deues et raisonables nonobstant opo-
sitions ou apellations quelconques pour
lesquelles et sans préjudice desquelles ne
voulons estre diffère, car tel est nostre
plaisir, nonobstant quelconque édicts, ordonnances, mandemants, deffances et lettres à ce contraire auxquelles et à la derrogatoire de la derrogatoire d'icelles nous
avons derrogé et derrogeons par ces dictes
présentes. Et affin que ce soict choze ferme
et estable à tousjours nous avons faict metre

nostre seel sauf en autres chozes notre
droict et l'autruy en toutes. Donné à Lion,
au mois de octobre, l'an de grace mil cinq
cent quatrevingts quinze, et de nostre regne
le septième.

Signe : HENRY.

En résumé ; — considérant que ses chers
et bien aimés les consuls, manans et habitants de Toulon ont élevé, à leurs frais et par
son ordre, les fortifications de la ville, et y
ont même ajouté de beaux et amples fossés :
ce qui a nécessité la destruction de plusieurs
maisons et jardins ; — considérant les grandes dépenses faites par eux à cette occasion ;
— désirant, autant que faire se peut, venir
en aide aux dits consuls, manans et habitants, pour reconnaître leur fidélité qui n'a
jamais *desvoye*, le roi Henry IV déclare,
par ses lettres patentes, leur permettre, accorder, octroyer, de faire faire une ou plusieurs rues dans le lieu appelé la *Darsenne*,
de disposer des emplacements à bâtir et de
les vendre au plus offrant, sous la seule ré-
serve des droits et devoirs seigneuriaux ; Sa
Majesté ajoute, qu'elle leur accorde, trans-
porte et délaisse l'usufruit et jouissance des
nouveaux fossés faits autour de la ville, —

le tout pour en jouir pleinement et perpétuellement, comme de leur chose propre,
vray et loyal acquest.

Telle était la volonté de Sa Majesté le roi
Henri IV, *car*, dit-il, en finissant, *tel est
nostre plaisir.* Mais la Cour des comptes,
aides et finances de Provence, ne fut pas
du même avis, et, malgré les termes formels
des lettres royales, elle refusa de les entériner, c'est-à-dire, d'en permettre l'exécution.

Les motifs de ce refus ne sont pas connus.
Il est probable que la Cour des comptes,
trouvant la faveur royale trop grande, fit
des observations, et que ces observations,
qui, du reste, venaient fort à propos, furent écoutées. Vers la même époque, en
effet, le cardinal d'Ossat signalait au roi
l'insuffisance ou plutôt la nullité de ses
armements maritimes, et la nécessité de
fonder un arsenal; or, si on aliénait tous
les terrains domaniaux situés sur le rivage
du plus beau port de France, où pourrait-on
le construire? D'un autre côté l'autorité
militaire voyait, sans doute, dans la concession des fossés à la commune, un inconvénient qui pourrait gêner son action en
utilisant les dépendances des remparts.

Quoiqu'il en fut la Cour des comptes ne consentit à entériner les lettres patentes qu'en 1599, et encore réduisit-elle la concession à bien peu de chose, et y mit-elle des conditions tellement onéreuses qu'il était impossible de les accepter. Non-seulement elle réserva un emplacement pour la construction des vaisseaux du roi, et les terrains nécessaires pour l'établissement d'un magasin ou arsenal et d'un grenier à sel, mais aussi elle imposa à la commune, indépendamment des droits et devoirs seigneuriaux, la condition de payer la *cense* annuelle d'un écu pour chaque maison construite ; quant aux fossés, elle refusa positivement d'en confirmer la concession même à titre d'usufruit. (1) Ce n'est pas

(1) Voici cet arrêt : « Sur la requeste présen-
» tée à la cour des comptes.... Veu les lettres
» données à Lion au mois d'octobre 1595.... Dict a
» esté que la cour a interiné et veriffié les dictes
» lettres pour en jouir par les impetrants : En ce qui
» est de la construction des maisons suivant leur
» forme et teneur, reserve à Sa Majesté les droicts
» et devoirs seigneuriaux — et la cense annuelle
» d'un escu pour chacune maison de trois cannes
» de largeur et treize en long, et à la charge que
» ceux à qui le bail en sera faict seront tenus

tout. La cour inséra, dans son arrêt, une
condition nouvelle, qui allait gêner singulièrement les acquéreurs et, par suite, aggra-
ver la situation des vendeurs ; elle ajoutait,
après l'énonciation de la cense annuelle
d'un écu par maison, que « ceux à qui le
» bail en sera faict, seront tenus proportion-
» nablement, chascuns en droict soy, *d'avoir*
» *basti dans l'an*, bien et deubment et de
» bonne estoffe, la frontière du quay con ·
» sernant la place de sa maison. »

Il eut été difficile d'amoindrir et d'atté-
nuer davantage le don royal, à moins de le
révoquer totalement. On comprend quel fut

» proportionnablement , chascuns en droict soy,
» d'avoir basti dans l'an bien et deubment *et de bonne*
» *estoffe*, la frontière du quay consernant la place de
» sa maison — Reserve aussi au profict de Sa Ma-
» jesté une place pour bastir un arcenal ou magne-
» zin et un grenier à sel, Ensemble une place como-
» de pour la construction et fabrique des vaisseaux,
» ainsi que mieux sera advisé par le commissaire
» qu'à cest effet sera depputé — Et pour ce qui
» est des nouveaux *fossés* la dicte cour déclare ny
» avoir lieu de verification.... Faict en la Cour des
» comptes aydes et finances du roy en Provence,
» séant à Aix, le dernier juin mil cinq cent quatre-
» vingts dix neuf. »

le désappointement des consuls, manans et habitants de Toulon. La commune essaya de mettre les terrains en vente , mais il ne se présenta aucun acquéreur. Il fallut y renoncer. — Les administrateurs municipaux ne perdirent pas courage. Ils recommencèrent leurs sollicitations à Aix et à Paris , et après 28 ans de démarches , leurs successeurs obtinrent une nouvelle décision royale qui fut enfin *sanctionnée* par la Cour des comptes, et qui, sans être aussi avantageuse que celle de 1595, pouvait encore être considérée comme favorable à la commune.

Les nouvelles lettres furent signées par Louis XIII, le 10 juin 1627. Elles sont résumées en ces termes dans l'arrêt de vérification :

« Les demandeurs auroient représenté au
» roy qu'ils n'auroient trouvé aulcun qui
» ayt vollu prandre les dictes places soubs
» la dicte redevance d'un escu, à cause des
» grands frais qu'il y faloyt fére tant pour la
» construction des quais que pour ramplyr
» le vuyde des dictes places et des rues à
» lesgal dudict quay, ce quay les auroit obli-
» gés pour donner quelque advancement à
» une œuvre sy utile et importante de dis-
» poser *par l'advis du sieur Bonnefoy in-*

» *genieur de Sa Majesté* les dictes places
» chacune de huit cannes de largeur sur dix
» de long et faict le bail d'aulcunes d'icelles,
» soubs la cencive et redevance annuelle d'un
» sol, de payer les lods et ventes quand le
» cas y escherra et de fére les fraicz tant
» pour la construction des quays que pour
» l'eslévation des dictes places, d'autant que
» beaucoup de personnes ont fait difficulté
» de prandre les dictes places mesmes à la
» dicte condiction d'un sol de cencive, à
» cause de la modiffication portée par le
» dict arrest craignant d'y estre troublés à
» l'advenir, a cause de quoy la dicte œuvre
» demeure imparfaite, le don infructueux
» à la dicte communauté et le roy frustre
» des lods et autres avantages quy peuvent
» arriver par la perfection et accomplisse-
» ment du dessain. — Sa Majesté de sa grace
» especialle playne puissance et authorité
» royale mande et tres expressement en-
» joint à sa cour par les dictes lettres, qu'elle
» veut servir de premiere seconde et troi-
» siesme jussion quelle aye sans s'arrester
» au dict arrest ny aux causes nottifiées en
» icelluy, a vérifier et enteriner les dictes
» lettres patentes sellon leur forme et te-
» neur sans aucune restrinction ne modiffi-

» cations ny autres réservations que des
» dictes places pour le dict Arcenal, gre-
» nier à sel, construction et fabrique des
» dicts vaysseaux, d'un sol de cencive an-
» nuelle pour chascune maison et des
» droicts de lods et ventes lorsque le cas
» y escherra. Donnees à Parys le dixiesme
» juin mil six cent vingt-sept. — Signé
» Louys. — »

La Cour des comptes n'obtempéra pas immédiatement aux ordres contenus dans ces lettres ; elle résista encore pendant 18 mois, et ce ne fut que le 15 décembre 1628, qu'elle rendit son arrêt de vérification, qui conclut ainsi :

« DICT A ESTE que la Cour, pour certaynes
» causes et considérations a cela mouvant
» ayant esgard aux dictes lettres de jussion
» a veriffie et enierine, enterine et veriflie
» les dictes lettres pattentes de l'année mil
» cinq cent quatre vingt quinze pour jouyr
» par les suppliants de l'entier effect et
» fruict d'icelles en ce quy est de la reduc-
» tion faicte des places a bastir maisons et
» moderations de la cence d'icelles a un sol,
» enjoinct neantmoingz aux dicts consulz
» de rapporter et remettre rierre le greffe
» de la Cour dans quinzaine lestat et roole

» des maisons qui ont desja este données a
» nouveau bail avec certiffication des offi-
» ciers du royen la dicte ville de lestat et
» quallité des places quy doivent estre lais-
» sées pour bastir un arcenal et grenier a
» sel et austres pour construyre des vais-
» seaux , a peine de trois mil livres et autre
» arbitrere. Et pour le surplus concernant
» le don de l'usage et usuffruict des fossez,
» ordonne aussi que la dicté communautte
» jouyra de l'effect et fruit d'icelluy a charge
» d'entretenir les dicts fossez en bon et deub
» estat de guerre, et seront les dictes lettres
» de jussion a leffect susdict registrées ez
» registres des archives de sa dicte Majeste.
» — Publye à la barre de la Cour des Comp-
» tes, aydes et finances du roy en Provence.
» seant à Aix, le quinzième décembre mil
» six cent vingt huit.

Ainsi se termina cette importante affaire, dans laquelle la Cour des comptes
n'eut pas le dernier mot, mais où elle usa
largement de son droit de contrôle. Cette
résistance dans l'intérêt de l'Etat à un
ordre émanant de l'autorité royale, ces mo-
difications essentielles provoquées, et obtenues en grande partie, par une cour pro-
vinciale ; tout, jusqu'aux termes mêmes de

l'arrêt de vérification, qui n'est rendu que 18 mois après les lettres de jussion, *pour certaines causes et considérations à cela mouvant*, tout dans cette affaire, révèle la puissance des Parlements avant Richelieu et la déférence que l'on avait à cette époque pour les libertés provençales ; mais aussi ne reconnaît-on pas dans les difficultés soulevées par la Cour des comptes, aides et finances, cette résistance, en quelque sorte instinctive , que les administrations spé-ciales opposent toujours lorsqu'il s'agit d'exécuter les grandes mesures décrétées par le souverain ? Est-ce un bien ?.. est-ce un mal ?.. je ne sais ; mais, dans le cas spécial, l'opposition de la Cour des comptes permit de fonder, dans de très-bonnes con-ditions, un grand établissement maritime, qui a fait la fortune du port de Toulon et dont la France a lieu d'être fière.

II.

Premiers vaisseaux construits dans l'Arsenal de Toulon. — Richelieu nommé grand-maître et surintendant général de la marine. — Guerre avec l'Espagne. — Importance des fonctions militaires et maritimes dévolues aux consuls de Toulon. — Développement de la marine sous Louis XIV. — Duquesne, commandant du port de Toulon. — Lettre admirable adressée à ce chef d'escadre par Colbert. — Constructions navales. — Puget, Lebrun, Toro sont chargés d'orner 'es vaisseaux du roi.

———

Revenons au livre de M. Brun et assistons avec lui aux premiers essais qui furent tentés par Henri IV et par ses successeurs, pour organiser une marine militaire.

Malgré l'abandon dans lequel on laissa, après la mort d'Henri IV, les travaux qui avaient été entrepris et poussés très-active-

ment sous son règne, l'Arsenal de Toulon
était à peu près achevé et rendait déjà de no-
tables services en 1622, époque où l'on vit
sortir de notre port une escadre composée
de 10 galères et de plusieurs vaisseaux ronds,
« dont quelques-uns, dit M. Brun, venaient du nouvel Arsenal, entre autres deux
galions, dépeints par les historiens du temps
comme des montagnes sur mer ; l'une de
1,200 tonneaux et 58 pièces d'artillerie était
au duc de Guise et portait son nom ; l'autre
était de 1,000 tonneaux et de 46 pièces de
fonte. »

Richelieu se fit donner, en 1627, le titre
de grand-maître et surintendant général de
la navigation. Il imprima, dès ce moment,
une vive impulsion aux travaux maritimes,
et créa, en quelque sorte, la marine militaire en décidant (le 29 mars 1631), que les
vaisseaux ne seraient plus à la charge des
capitaines « et que l'Etat posséderait en toute
propriété sa marine » Il fit lever deux ans
après le plan de toute la côte maritime, afin
d'y établir des fortifications. Ce plan, dressé
sur une grande échelle, par Jacques Desmarets, professeur de mathématiques à
Aix, qui le peignit avec soin sur vélin et
l'enlumina en or, représentait la côte jus-

qu'à deux ou trois lieues dans les terres. « Le
cardinal — ajoute M. Brun, à qui j'emprunte ces details — ayant reçu le plan de
Desmarets, ordonna lui-même que l'on fit
les forts et batteries de Ste-Marguerite, St-
Honorat, la Croisette, Theoules, Agay, Ca-
valaires, Gapeau, les Embies, Port-Cros,
Porquerolles, Bregançon, Balaguier et bien
d'autres encore, le long de la côte et dans
les îles (1634). »

Ces dispositions étaient un peu tardives.
Déjà la guerre avait éclaté entre la France et
l'Espagne qui s'empara, en 1635, des îles
de St-Honorat et de Ste-Marguerite. Vers la
fin de juillet, une magnifique escadre, composée de 59 vaisseaux ; se rassemble dans
le port de Toulon et se met à la poursuite
de l'armée navale d'Espagne qu'elle disperse.
L'année suivante, les villes de Toulon,
d'Hyères et d'Ollioules arment à leurs frais
6 vaisseaux qu'elles offrent au roi.

Toulon, devenu le centre de tous les mouvements maritimes pendant cette guerre,
voyait successivement s'accroître ses forces
navales. Son Arsenal comptait déjà plus de
vingt vaisseaux en 1643.

Ici M. Brun fait connaître la part que nos
administrateurs municipaux prenaient dans

les armements de la marine. « Dans ces commencements , dit-il , et pendant long-temps encore, avant qu'une organisation fut assise dans les arsenaux , une sorte de pouvoir était dévolu, sur la marine, aux consuls de la ville. Ils avaient déjà l'autorité politique et l'autorité militaire, comme lieutenants du roi , et le roi s'adressait à eux lorsqu'il comptait faire des armements maritimes , afin qu'ils y prêtassent leurs soins et y contribuassent de leurs pouvoirs. Ils étaient toujours avertis des mouvements maritimes d'entrée et de sortie, et étaient les gardiens de la chaîne du port, dont ils tenaient la clef ; ces mouvements ne pouvaient se faire sans eux. Dans les désarmements, les vaisseaux restaient sous leur police quand le roi n'y avait pas autrement pourvu. On trouve une ordonnance du comte Grignan, du 4 mai 1678 , rendue d'après les ordres du roi du 21 avril , portant que les consuls tiendraient toujours à la chaîne une personne dont ils répondraient pour fermer le port , et, lors des armements des vaisseaux de Sa Majesté , l'ouvrir et le fermer pendant la nuit , toutes les fois que l'officier de garde à l'amiral le requerrait. »

Cette prérogative accordée aux consuls

amenait de fréquents conflits entre les officiers de marine et les milices bourgeoises
chargées de la surveillance de la Chaîne.
Les archives municipales renferment une
volumineuse correspondance échangée à
ce sujet entre les consuls et le ministère. Il
y eut notamment, vers l'époque indiquée
par M. Brun, un conflit dans lequel la garde
bourgeoise, après avoir été battue, prit une
attitude qui la fit respecter. Les consuls en
rendirent compte en ces termes dans une
lettre adressée à M. de Colbert, surintendant de la marine, le 31 juillet 1672 :

Monseigneur,

« Come nous somes obligés, par le devoir
» de nos charges, de rendre compte à Sa
» Majesté et à Votre Grandeur de tout ce
» qui ce passe dans Toullon de plus im-
» portant, consernant le service du roy,
» Elle aura la bonté d'aprendre sy luy plaist
» que soubs pretexte quil y a quelques vais-
» seaux du roy à la rade, quelques officiers
» des dits vaisseaux presuposant qui leur
» est loisible d'aller et venir la nuit avec
» leur chaloupe tant aux vaisseaux que
» dans la ville, le 25 du présant mois de
» juillet, c'estant présanté à la Chaisne

5

» après minuit, une chaloupe des dits vais-
» seaux, dans laquelle il y avait des officiers,
» pour entrer dans la ville et a cet effet ils
» auraient abordé avec violance la plate
» forme de la Chaisne, battu les soldats du
» corps de garde et les gardes que nous y
» tenons, à cause quils leur auraient refusé
» de faire abattre la Chaisne et mesme
» blessé un soldat à la main, desquelles
» violances nous en aurions porté plainte
» au sieur de Gabaret chef d'escadre des
» vaisseaux du roy affin quel eust a ordon-
» ner aux officiers de la marine de se re-
» tirer avant la retraitte dans leurs vais-
» seaux, et surtout puis qu'ils ne restaient
» à la voile que pour leur divertissement
» et neullement pour le service du roy.
» Neanmoings au prejudice de cella, quatre
» jours après, une autre chaloupe des dits
» vaisseaux, dans laquelle il y avait cinq
» officiers de la marine et six ou sept ma-
» telots, qui voullaient sortir de la ville
» pour aller aux vaisseaux, ils se seraient
» présantés a minuit et demy a la Chaisne
» pour la faire ouvrir et pour cet effect ils
» auraient voulleu forcer le corps de garde,
» et menassant le sergent, les soldats, et
» nos gardes de les maltraitter, ce qui

» aurait obligé le sergent pour ne pas estre
» forcé de faire tirer dessus la dite chaloupe,
» où le sieur de Chinevrey, lieutenant de
» vaisseau a esté blessé à la cuisse, de la
» quelle blessure est mort deux heures
» après, ainsy que Votre Grandeur aura la
» bonté de voir plus particulièrement par
» les verbeaux que nous luy envoyons.
» Come cet une affaire dela derniere impor-
» tance, puis que Sa Majesté nous a fait
» l'honneur de nous confier les clefs des
» portes de la ville tant de la mer que de la
» terre, nous suplions très humblement
» Votre Grandeur de voulloir par son credit
» et authorité fatre cesser les desordres
» que les gens de marine nous causent
» tous les jours par leurs pareilles viollan-
» ces ce que nous avons sujet d'esperer
» Monseigneur, puisque nous somes avec
» un profond respect

    » Monseigneur, de Votre Grandeur,

    » Les très humbles et très obéissants ser-
» viteurs, les consuls, lieutenants de roy au
» gouvernement de Toullon. »

        Signé : Gaspard de THOMAS, sieur
           DORVES, Gabriel de BURGUES,
           sieur de MISSIESSY, Jacques
           BARRY.

A partir du règne de Louis XIV et du moment où Colbert, succédant à Mazarin, prit la direction des affaires, la marine acquit une véritable importance. Le développement de nos relations commerciales et de nos forces maritimes fut l'objet constant de sa sollicitude. Le port de Toulon s'en ressentit. De ce jour et jusqu'à la mort du grand ministre, l'arsenal et la ville reçurent des accroissements successifs. M. V. Brun consacre à cette époque, qui fut une des plus brillantes dans l'existence si agitée de la cité toulonnaise, plusieurs chapitres pleins d'intérêt qu'il serait trop long d'analyser ici. Je me bornerai à le suivre rapidement dans son récit, et je placerai à leur date, de loin en loin, quelques détails, quelques traits qui me paraîtront devoir intéresser d'une manière plus particulière le lecteur, et qui lui donneront, j'en suis certain le plus vif désir de faire plus ample connaissance avec l'œuvre si consciencieuse de M. V. Brun. (1)

(1) Dans les extraits qui vont suivre, les guillemets seront remplacés par des tirets —, qui désigneront les passages empruntés à l'ouvrage de M. Brun.

— L'année 1667 est citée comme celle où une impulsion décisive fut donnée à la marine. Il fut fait dans les arsenaux de l'Océan et de la Méditerranée des approvisionnements considérables et de nombreuses constructions. Le premier vaisseau de 120 canons fut construit à Toulon et nommé le *Royal-Louis*. Il était magnifiquement orné, et doré avec profusion à l'avant, à l'arrière, dans l'intérieur des chambres et sur les préceintes.

— Le corps des officiers de vaisseau n'était composé, avant 1669, pour toute la marine, que de :

30 Capit. qui avaient, 1,000 fr. par an.

6 Lieutenants,
10 Capitaines de brulôt, } à 300 fr.

— Il est vrai que chaque vaisseau n'avait, indépendamment de son capitaine, qu'un lieutenant et un enseigne, que l'on embarquait et payait seulement pendant la campagne ; mais jugeant que le service retirerait de l'avantage par l'entretien d'un plus grand nombre d'officiers, on résolut d'instituer (règlement du 27 mars 1669) :

60 Capit., aux appointem. de 1,800 fr.
60 Lieutenants, — 1,000
60 Enseignes, — 600
20 Capit. de brûlot. — 600

— Sept ans après, le nombre des officiers de la marine avait doublé. Le règlement du 15 janvier 1676, auquel est jointe une liste nominative, avait établi :

1 Amiral de France,
2 Vice-amiraux,
3 Lieutenants-généraux.
6 Chefs d'escadre,
86 Capitaines de vaisseau,
20 Capitaines de frégate légère,
20 Capitaines de brûlot,
10 Capitaines de flûte,
120 Lieutenants de vaisseau,
10 Lieutenants de frégate,
150 Enseignes de vaisseau.

428

— Ainsi le matériel et le personnel prenaient de l'accroissement. Les lois se multipliaient et confirmaient ce que les usages du port et les premiers essais d'institution avaient de bon et de sage. Dans le court intervalle qui s'écoule entre les années 1668 et 1675, le rouage se trouve régulièrement monté, et chacun, officier, marin, constructeur, administrateur, y reconnut sans peine sa place et ses fonctions.

Ce développement considérable des forces navales que M. Brun signale et qui avait fait élever le nombre des officiers de 46 à 428 en 12 ans, était dû à l'impulsion énergique d'un homme de génie. Colbert, doué d'une volonté tenace et forte, avait pris à cœur de placer la marine française au premier rang, et il y était parvenu. Aussi fit-il éclater une grande joie et un légitime orgueil, lorsqu'il vit ses efforts couronnés de succès. M. Pierre Clément, son historien, cite à ce sujet une lettre fort remarquable qu'il écrivit à Duquesne après une victoire décisive, la première que la France eut remportée sur mer contre les Hollandais. Voici en quels termes M. Pierre Clément raconte ce fait dans son histoire de la vie et de l'administration de Colbert :

« Le 8 janvier 1676, Duquesne rencontra, en vue de Messine, la flotte hollandaise, commandée par Ruyter. Cette flotte se composait de trente vaisseaux, dont douze de premier rang, douze de moyenne force, quatre brûlots, deux flûtes et neuf galères. La flotte française, au contraire, ne comptait que vingt vaisseaux et six brûlots. Malgré cette disproportion, malgré l'auréole qui entourait le nom de Ruyter, Duquesne livra bataille à cet amiral et remporta sur lui une victoire éclatante. On lira, j'en suis sûr, avec le plus vif intérêt, la lettre que Colbert lui écrivit le 25 février 1676, pour le féliciter :

« La lettre que le roy veut bien vous
» escrire de sa main vous fera mieux con-
» noistre que je ne le pourrais faire la
» satisfaction que sa Majesté a reçue de ce
» qui s'est passé dans la dernière bataille
» que vous avez donnée contre les hollan-
» dais ; tout ce que vous avez fait est si
» glorieux et vous avez donné des mar-
» ques si avantageuses de votre valeur, de
» votre capacité et de votre expérience con-
» sommée dans le métier de la mer, qu'il
» ne se peut rien ajouter à la gloire que
» vous avez acquise. Sa Majesté a enfin eu
» la satisfaction de voir remporter une vic-
» toire contre les hollandais, qui ont été
» jusqu'à présent presque toujours supé-
» rieurs sur mer à ceux qu'ils ont com-
» battus, et elle a connu partout ce que vous
» avez fait qu'elle a en vous un capitaine
» à opposer à Ruyter pour le courage et
» la capacité.

» Je vous avoue qu'il y a bien long-
» temps que je n'ai écrit de lettre avec

» tant de plaisir que celle cy, puisque c'est
» pour vous féliciter du premier combat
» naval que les forces du roy ont donné
» contre les hollandais, et vous ne pouvez
» pas douter que le roy n'ayt fort remarqué
» qu'ayant affaire au plus habile ma-
» telot, et peut être au plus grand et au
» plus ferme capitaine de mer qu'il y
» ait au monde, vous n'avez pas laissé de
» prendre sur lui les avantages de la ma-
» nœuvre de votre vaisseau, ayant rega-
» gné pendant la nuit le vent qu'il avait
» sur vous le soir précédent, et celui
» de la fermeté, l'ayant obligé de plier pen-
» dant deux fois devant vous. Une si belle
» action nous donne ici des assurances cer-
» taines de toutes celles que vous ferez à
» l'avenir, lorsque les occasions s'en pré-
» senteront, et vous devez estre assuré de
» la part que j'y prendrai toujours. »

« Comment ne pas aimer, ajoute M. P. Clément, et admirer en même temps l'illustre ministre qui s'associait à la gloire de la France, et qui se réjouissait avec cette effusion des victoires que son intelligente et infatigable administration avait préparées?

« *Il y a bien longtemps que je n'ai écrit de lettre avec tant de plaisir que celle-ci* »

disait Colbert à Duquesne. Ces seuls mots,
s'adressant à un chef d'escadre victorieux,
louait mieux le noble cœur qui les a dictés
que ne pourraient le faire les éloges les
plus éloquents. » (1)

Cette escadre commandée par Duquesne
avait été armée dans le port de Toulon
et avait quitté les îles d'Hyères le 27 décembre 1625. M. Brun après avoir raconté
le même combat naval et dit que Duquesne
força dans cette affaire l'estime de Colbert
qui avait apprehendé de le voir se mesurer
avec un homme tel que Ruyter, ajoute quelques détails sur notre chef d'escadre, qui
trouvent naturellement leur place dans cette
étude sur le port de Toulon :

— Duquesne, dit-il, était aussi utile dans
le repos qu'à la mer. Il commandait le port
de Toulon dans l'intervalle de ses embar-
quements et préparait lui-même ses escadres, ce qui n'est pas un médiocre avantage
pour un général qui va se livrer à des entreprises et combattre l'ennemi. Ayant par-
couru tons les ports et visité fréquemment

(1) *Histoire de la vie et de l'administration de
Colbert* par M. Pierre Clément (du Var) membre
de l'Institut, page 283.

les chantiers, il s'était rendu habile dans l'art de la construction. Ses avis avaient une grande influence, dans les conseils. Il fit en 1678 un règlement sur la construction des vaisseaux, dans le but de corriger leurs vices et leurs dissemblances.

— Pendant que Duquesne était à Paris, auprès du ministre, on avait entrepris à Toulon la réparation du *Magnifique*, vaisseau déjà vieux. L'avant était radoubé, et on allait entreprendre l'arrière. Cette partie exigeait une plus forte réparation qu'on ne l'avait cru à la première visite.

— Duquesne, en arrivant, voulut qu'on abandonnât le vaisseau. « Si par la considé-
» ration, disait-il, que ce vaisseau est ra-
» doubé par son avant, l'on conclut qu'il
» faut aussi achever le radoub de son ar-
» rière, je réponds par cette maxime que
» les plus courtes folies sont les meilleures,
» et qu'il n'est pas toujours expédient de
» mêler le bon argent avec le mauvais.
» L'agitation de la mer, ajoutait-il, est la
» pierre de touche qui découvre le défaut
» d'un vaisseau, ce qu'on ne peut bien voir
» dans le port de Toulon, où il n'y a pas
» d'agitation. » Il jugeait que le *Magnifique*
ne pourrait supporter une grosse mer, et

qu'il était prudent de le démolir. On le rasa
en ponton deux ans après.

— 1679. Le traité de Nimègue venait
enfin de se conclure. La France, qui étonnait l'Europe par ses progrès en marine,
encouragée elle-même par les avantages et
par la gloire qu'elle en recueillait, profita
de la paix pour augmenter ses forces maritimes, agrandir ses ports et y fonder des
ouvrages précieux, qui en ont fait à la fois
la commodité et l'ornement. L'arsenal de
Toulon, devenu trop resserré pour le nombre de bâtiments qu'il fallait y entretenir,
prit de grands développements, car on y
comptait quarante vaisseaux. dont six à
trois ponts, indépendamment d'une quantité de flûtes, de brûlots et d'autres bâtiments inférieurs. Marseille avait 30 galères
équipées de 5,600 forçats ou esclaves.

— Tous les arts étaient appelés pour
payer leur tribut à la gloire dont nos marins
s'étaient couverts, et ajouter à l'admiration
qu'inspiraient ces escadres qui naissaient en
si peu de temps. Les vaisseaux étaient em-
bellis des ornements de la peinture et de la
sculpture. Les deux Vanloo, La Rose, dé-
coraient leur intérieur et leurs galeries de
tableaux de goût. Puget et après lui Toro et

Rumbault les enrichissaient de figures et de
bas-reliefs. Leurs belles compositions furent
des modèles que les autres nations s'em-
pressèrent d'imiter dans les embellissements
de leurs marines.

— Ceci, cependant, doit être dit avec mesure. Sans doute, il y eut de l'admiration
pour ces décorations magnifiques, qui sem-
blaient vouloir étaler au dehors la supré-
matie de la France en toutes choses ; son
élévation dans les arts était montrée comme
un indice de sa puissance. C'était l'inspira-
tion de Colbert, et il y poussait de toute sa
pensée. Avant que Puget fût appelé au port,
il avait lui-même commandé des dessins au
célèbre peintre Lebrun, qu'il avait investi
de la charge d'inspecteur-général des ouvrages de sculpture, et qui donna les dessins des deux vaisseaux de premier rang, *le
Royal-Louis*, en 1667, et *le Dauphin-
Royal*, l'année suivante ; dans le même
temps il envoyait à Toulon l'habile sta-
tuaire Girardon, qui modela, compléta et fit
exécuter sur ces dessins les décorations de
ces deux vaisseaux. C'était flatter Colbert
que de le suivre dans ses goûts de telles
somptuosités : Puget était l'homme qui
pouvait le mieux y entrer, et il commença
son œuvre par le riche vaisseau *le Monar-*

que, qui sortait à peine de ses mains au moment de l'expédition de Candie, en 1669. Mais ces constructions, éblouissantes par leurs magnifiques décors, n'obtenaient pas de tous les officiers de la marine le même sentiment d'admiration. Ils trouvaient les poupes trop lourdes, leurs saillies dangereuses. Ils faisaient remarquer que les Anglais et les Hollandais ne mettaient presque point d'ornements. Enfin, le roi d'Angleterre, Charles II, qui vit ces vaisseaux, avait blâmé leurs galeries. C'était dès 1670 que ces représentations étaient faites ; Colbert les sentit, et sans vouloir abandonner tout-à-fait ses idées artistiques, recommanda qu'on fit des décors plus légers, de manière à ne pas sacrifier aux ornements le service du navire. Puget, qui était constructeur aussi, en convint, et fit des compositions où, sans charger les avants et les arrières de trop grandes et pesantes sculptures, le goût et l'art se manifestaient toujours. Ce furent ces décorations que saisit une approbation plus universelle, et que les autres marines finirent par imiter. Puget continua pendant douze ans son œuvre sur le grand nombre des vaisseaux qui, dans cette période, sortirent des chantiers du port encore resserré entre les môles de la vieille darse.

III.

Agrandissement de l'Arsenal et de la ville. — Dérivation des rivières de l'É-goutier et du Las. — Canal de la rue Bourbon. — Le marquis de Seignelay, vient à Toulon. — On construit, sous ses yeux, une frégate en un jour. — La marine achète 150 turcs. — Splendeur maritime de la France. — Une armée navale de 87 vaisseaux de ligne, et de 50 navires inférieurs, mouille en rade de Toulon, et 3,000 officiers, 70,000 marins, transforment la ville de Toulon en une vaste salle de festin.

J'ai dit ailleurs, dans une étude sur les divers agrandissements de Toulon, comment les progrès toujours croissant de la marine avaient amené le développement de l'Arsenal, et comment, la ville, toujours oppressée, si je puis m'exprimer ainsi, par ses remparts, avait gagné quelques cannes de terrain, par l'obligation où l'on s'était trouvé de renfermer l'Arsenal dans la ligne des fortifications (1). Quelques-uns des renseignements qui vont suivre ont été insérés dans cette étude, mais ils étaient moins complets que ceux-ci ; du reste, ils se lient trop étroitement à l'histoire de notre arsenal, pour être distraits du récit de M. Brun à qui, de nouveau, je m'empresse de céder la plume :

— Le projet d'agrandissement de l'Arsenal fut arrêté en 1667. Le plan, pour l'honneur de Toulon, fut dressé par Vauban. Il suivit la direction de Colbert, et donna néanmoins au port des édifices qui dans leur simplicité, se ressentirent du génie de leur auteur et de la grandeur d'un règne glorieux pour les arts. Les travaux ne commencèrent que l'année suivante. Il fallut démolir les remparts qui entouraient la ville à l'Ouest, depuis la fonderie jusqu'au vieil Arsenal, et les reporter plus loin, afin de renfermer

(1) Beaucoup de ces édifices, devenus avec le temps vieux et insuffisants, ont été refondus ou modifiés dans les nouveaux *accartillages* du port, et, où pour le dire d'avance, les récents ont dignement succédé aux anciens.

dans leur enceinte l'Arsenal nouveau. Les devis des ouvrages, donnés par Vauban, étaient remarquables par le soin avec lequel ils étaient tracés, et une prévoyance de détail assez étendue pour empêcher d'abuser ou se méprendre. Les travaux furent dirigés par l'ingénieur Niquet, et confiés pour l'exécution au sieur Boyer, architecte de la ville de Paris, qui, ayant fait les conditions les plus avantageuses, fut accepté comme entrepreneur.

—La nouvelle Darse fut creusée en même temps qu'on faisait les jetées et que l'on consolidait le terrain sur lequel on devait bâtir ou travailler. L'approfondissement se fit d'abord à 22 pieds. Les vases furent transportées vers Malbousquet, dans un grand marais inondé par la mer, et firent naître le terrain de Castigneau et la plaine connue sous le nom de Missiessy. Le roi en fit don à M. de Vauvré, qu'il avait nommé intendant de la marine à Toulon, en 1679, au commencement de tous ces travaux.

— Les ouvrages furent perfectionnés en l'année 1684, pendant laquelle on acheva tous les magasins particuliers des vaisseaux, les magasins de l'artillerie, l'atelier des armuriers, la salle d'armes, et la plus grande partie de tous les ateliers que , pendant un siècle et demi , on a vus répandus dans l'Arsenal (1).

— On édifia le magasin général, tout bâti en pierre de calissane et orné de grands pilastres , fort bel édifice dont on a eu à déplorer la perte en 1790 ; et la Corderie, chef-d'œuvre d'architecture simple , d'un dessin pur, de 200 toises de longueur, terminé, à ses extrémités, par deux beaux escaliers à deux rampes, et dont les façades extérieures, qu'on a aplanies depuis, étaient relevées en bossage, dans le goût d'alors.

— A l'aide de ces agrandissements, Toulon eut deux ports, l'un pour le commerce,

(1) ERRATUM. La note que l'on va lire aurait dû être imprimée au bas de la page 80, et la note de la page 80 aurait dû être placée ici :

V. les feuilletons du *Toulonnais* du 27 octobre au 19 novembre 1859, intitulés : *Étude sur les divers agrandissements de Toulon depuis 1309 jusqu'en 1859....* Il résulte des documents publiés dans cette étude que, pendant 500 ans, l'une des aspirations constantes de notre ville a été de s'agrandir et que ses remparts ont toujours été un obstacle au développement de sa population , qui était et qui est encore obligée de s'installer dans des maisons de cinq étages ou d'aller camper dans les faubourgs.

l'autre pour le service militaire. Chacun de
ces deux ports eut son ouverture communi-
quant avec la rade, toutes les deux heureusement placées sur deux canaux, que l'on
croit fermés et entretenus naturellement
par des sources souterraines.

— Les rivières de l'Égoutier et du Las,
qui coulent aux deux côtés de Toulon,
avaient leurs embouchures très voisines du
port, dont elles pouvaient embarrasser les
approches par les terres qu'elles charrient
quelquefois. Leur cours fut détourné ; le Las
se jeta plus loin dans le fond de la petite rade,
et l'Egoutier fut dirigé vers la grande rade.

— Il fut fait dans les mêmes vues, en
1679, un canal d'un bout à l'autre de la rue
Bourbon, pour empêcher les eaux des ruis-
seaux de la ville de tomber dans la vieille
Darse et de l'encombrer de leurs immon-
dices. Mais il arriva, quelques temps après,
qu'un vaisseau en radoub, qui resta sur un
côté, pendant trois ou quatre mois, eut ce
côté tout chironné de vers, ce qu'on attribua
à ce qu'il ne coulait plus d'eau douce dans
la Darse, et l'on se crut obligé de détruire
le canal et de faire rentrer les eaux dans le
port en mettant des grilles à l'issue des aque-
ducs. La notice d'où ce fait est tiré dit qu'en

peu de temps les vers furent détruits; mais c'est un problème qu'on peut sans risque ne pas croire bien résolu. »

M. Brun rentre ici dans quelques détails au sujet des armements qui furent faits, en 1681 et 1680, contre les Algériens; il raconte ensuite le départ de Toulon, d'une escadre qui alla, sous le commandement de Duquesne, bombarder Alger, et fait connaître la visite du marquis de Seignelay, ministre de la marine, qui vint à Toulon, en 1684, pour visiter l'arsenal et pour accompagner Duquesne dans une expédition dirigée contre Gênes.

— Une nouvelle flotte fut aussitôt armée à Toulon, et Duquesne en eut le commandement. Le marquis de Seignelay, qui venait de succéder à Colbert, son père, dans le département de la marine, voulut être présent à cette expédition, non sans doute comme l'ont dit quelques historiens flatteurs, pour pousser l'entreprise avec le feu et le courage qui lui étaient propres, puisque Duquesne et Tourville y étaient, mais peut-être pour s'instruire, ce qui était digne de lui (1), et plus vraisemblablement pour diri-

(1) On partage volontiers cette appréciation de M. Brun lorsque l'on connaît la sollicitude des

ger les négociations. Ce ministre arriva dans
le port le 26 avril; il prit connaissance de
tout. Comme témoignage de l'activité qui
régnait dans l'arsenal et de ce que l'on pouvait faire, on éleva sous ses yeux, dans un
jour, une frégate dont les pièces avaient été
préparées.

L'année suivante (le 17 février 1685),
la marine conclut un marché d'un genre
particulier, que M. Brun relate textuelle-

deux Colbert pour la marine, et les recommanda-
tions particulières qui avaient été faites à ce sujet
par le grand ministre à son fils. Il lui disait dans
des *instructions* qui ont été publiées par *divers*
écrivains notamment par M. Pierre Clément : « Mon
» fils doit sçavoir les noms des 120 vaisseaux de
» guerre que le roy veut avoir toujours dans sa ma-
» rine, avec 30 frégates, 20 bruslots et 20 basti-
» ments de charge ; — sçavoir exactement, et tou-
» jours par cœur les lieux et arsenaux où ils sont
» distribués — connaître les officiers de la ma-
» rine, tant des arsenaux que de guerre, exa-
» miner continuellement leur mérite et les actions
» qu'ils sont capables d'exécuter. Examiner avec
» soin et application particulièrement toutes les
» consommations, et faire en sorte de bien connaître
» les abus qui s'y peuvent commettre, pour trouver
» et mettre en pratique les moyens de les retran-
» cher. » (*Histoire de la Vie et de l'Administration de Colbert*, par M. Pierre Clément, page 302.)

ment et qui mérite, en effet, d'être connu.
En voici l'extrait :

« La frégate du roi *la Fée* est vendue au
» sieur Poussel, de Toulon, moyennant le
» prix de 150 Turcs, bons et en état de
» service pour la rame, payables dans trois
» ans, savoir : 50 Turcs pour chaque année,
» qui seront consignés à l'agent du roi à
» Malte, où le sieur Poussel promet et
» s'oblige de les rendre à ses frais, risques.
» péril et fortune. S'il ne pouvait remplir ce
» nombre, il payerait 350 fr. pour chaque
» turc de déficit. »

— L'utilité des Turcs et Barbaresques,
pour le service des galères, ajoute M. Brun,
les faisait rechercher, et, à défaut de la
force, la marine se les procurait par achat.
Les galères étaient gardées à Marseille. Il y
en avait 25 rangées l'une contre l'autre. Celle
du milieu était *la Réale*, superbement dé-
corée, que tous les bâtiments saluaient d'un
coup de canon à leur arrivée.

— 1688 — La France recueillant le prix
des soins donnés à l'agrandissement de la
marine, pendant ces dernières années, se
trouva bientôt en état de mettre en mer des
flottes immenses contre des ennemis redoutables. — Il y avait au port de Toulon 48

vaisseaux de ligne. En moins de quatre années 9 nouveaux vaisseaux furent mis à
l'eau. Il est à remarquer, à cette occasion,
que l'activité de la fonderie du port était telle,
que l'on put envoyer des canons au port de
Brest. On fondit plusieurs pièces de 64 et de
48, qu'on destinait aux batteries, et qui
servirent plus pour l'ornement du parc que
pour les usages de la guerre.

— Aux portes de Toulon était la fabrique de Dardennes, atelier de forges d'où
l'on tirait quelquefois des poudres neuves,
et où l'on rétablissait celles que la mer avait
affaiblies.

— D'après un ordre du 18 mai 1692, de
M. de Ponchartrain, devenu secrétaire d'Etat
au département de la marine, on éprouva
à Toulon, le 10 juillet, une matière combus-
tible avec laquelle on aurait pu mettre le feu
aux vaisseaux ennemis. Elle était de la composition d'un sieur Chautron ; il la fabriqua
seul avec ses gens, et y employa de la
poudre, du salpêtre, de la sandaraque, du
fer et d'autres matières qu'on lui délivra.
Diverses épreuves furent faites ; on tira des
charges de cette composition avec des mous-
quets, des canons, des mortiers ; mais elles
n'eurent aucune réussite. L'essai tenté et

l'intérêt qu'on y attachait sembleraient démentir l'anecdote de ce Lucquois qui, s'annonçant dans ce temps, comme ayant retrouvé le feu grégeois, aurait essuyé le mépris sévère de Louis XIV.

— En 1694, une armée navale plus forte que toutes celles que la France avait eues, parcourut les mers avec assurance. On redoubla d'activité dans tous les ports, pour mettre en état tous les bâtiments de guerre. La France compta 110 vaisseaux de ligne. L'escadre de Toulon, placée sous le commandement de d'Estrées, était composée de 22 vaisseaux de ligne et de 30 galères. D'Estrées alla rejoindre le maréchal de Tourville, qui était parti de Brest, avec une flotte de 71 vaisseaux et de plusieurs frégates et brûlots. Cette armée ayant rencontré en chemin un immense convoi anglais et hollandais, qui se rendait dans la Méditerranée, en prit et détruisit une grande partie. 24 navires anglais et hollandais, reste de 80 que les capteurs brûlèrent, furent envoyés à Toulon, et devancèrent l'arrivée de la grande armée française, qui vint mouiller dans la rade à la fin de juillet, après avoir brûlé d'autres vaisseaux ennemis à Gibraltar et à Malaga.

— Tourville resta quelque temps à Toulon avec un brillant état-major de 3,000 officiers et une armée de 70,000 matelots et soldats, qui, dit le rédacteur de ses mémoires, faisaient une agréable confusion. On trouvait des tables dressées dans toutes les rues, sous des tentes et des pavillons. Ce n'était que des plaisirs et des fêtes. La vue de la rade peuplée de 87 vaisseaux de guerre et 50 bâtiments inférieurs, la plupart dorés, et tous peints de couleurs variées, selon les goûts et les caprices divers que l'usage autorisait, offrait un spectacle glorieux et magnifique.

— Cette grande parade se sépara le 14 septembre. 40 vaisseaux allèrent avec Tourville désarmer à Brest, et 20 à Rochefort ; 26 désarmèrent à Toulon, et quelques autres restèrent armés pour croiser dans la Méditerranée.

— Jamais l'on n'avait vu à Toulon une flotte aussi formidable, et la France n'en réunit plus de pareille dans aucun de ses ports, non qu'elle n'ait fait, sur la fin du dernier siècle et dans celui où nous sommes, des déploiements de force qui, réunies auraient pu équivaloir à ce grand armement. Mais, vers la fin du règne de Louis XIV, et durant tout le règne de son successeur, la marine française, quoiqu'elle semblât se ranimer de temps en temps, ne put jamais se relever assez. Cependant aucun nouveau revers maritime ne lui avait fait perdre tout d'un coup cette force maritime qu'elle venait de reprendre. Le même matériel naval qu'elle avait déployé en 1693 restait encore, armé ou désarmé, dans les premières années qui suivirent cette époque. Mais les deux Colbert étaient morts ; le même esprit ne régnait plus dans les conseils, et la France était épuisée par ses longues guerres, la pénurie de l'Etat, contre laquelle le premier refuge a été de tout temps de fermer le Trésor à la marine, vint ajouter à l'impuissance des vues et aux embarras naturels.

IV.

Affaiblissement des forces maritimes de la France. — Siége de Toulon. — Triste situation du port de Toulon. — La marine emprunte de l'argent au consul Granet. — Elle fait fondre des canons et fabriquer des doubles-liards à Dardennes. — Vente en détail du matériel de l'Arsenal. — Fonctions de trésorier et de contrôleur de la marine remplies au nom de la veuve Cousse. — Guerre générale. Les Turcs seuls alliés de la France.

Nous venons d'assister à la période ascendante ; nous avons vu 'en moins de 30 ans, le personnel de la marine s'élever de 46 officiers à plus de 3,000, et les quelques vaisseaux empruntés par le roi, bientôt remplacés par de brillantes escadres, dont une réunit, dans le port de Toulon, 87 vaisseaux de ligne, tous construits dans les arsenaux de l'Etat. Mais cette splendeur fut de courte durée. Nous voici arrivés au moment où la France épuisée, vit sa puissance décroître de jour en jour. Spectacle navrant sur lequel je n'insisterai pas. Quelques extraits, bien courts, du livre de M. Brun donneront une idée suffisante de la rapidité de cette décadence.

— 1705. — La France fit de grands efforts pour s'opposer aux desseins des coalisés (Espagnols, Anglais et Hollandais) ; 44 vaisseaux furent armés à Toulon, 18 à Brest et 17 au Havre. Ceux de l'Océan, bloqués, ne purent sortir ; et, avant que l'escadre de Toulon, qu'on arma trop tard et trop lentement, pût mettre en mer, une grande flotte ennemie de 72 vaisseaux avait débarqué l'archiduc en Catalogne. Le comte de Toulouse, rendu à Toulon le 15 juillet, voyant que son armée ne pouvait tenir tête à celle des ennemis, la fit désarmer.

— 1707 — Les ennemis, protégés par la flotte anglaise et hollandaise qui stationnaient sur la côte, résolurent de s'emparer de Toulon. — La place ne paraissait pas tenable. Les murs étaient délabrés ; les fossés comblés à demi ; plus de parapets, plus de glacis. Le duc de Savoie s'était flatté de descendre à cheval dans le fossé, en arrivant, tant on l'avait bien averti. L'on commença donc à réparer les fortifications ruinées; on en éleva de nouvelles. On fit porter du canon partout où il était possible d'en placer. Une revue fut passée de tous les habitants propres à porter les armes; on en forma 30 compagnies de 100 hommes. La marine n'était pas oisive; au milieu de tout ces travaux elle donnait l'exemple de l'activité, et faisait en particulier tous ses efforts pour mettre Toulon hors d'insulte du côté de la mer. Malheureusement beaucoup de précautions se ressentirent de la frayeur que l'on avait eue d'abord, et se firent regretter. Les chefs de la marine, après en avoir délibéré en conseil, crurent agir avec prudence en évacuant les magasins de l'arsenal de beaucoup de cordages, de voiles et des meilleurs agrès, même de canons de fonte et de mortiers ; et l'on en chargea 72 barques, qui les transportèrent à Arles. Déjà tous les registres de la marine avaient été voiturés, sur des charrettes, jusqu'à Avignon.

— Tous ces préparatifs, quelque accélérés

qu'ils fussent, n'auraient pu sauver la ville, si le duc de Savoie avait marché avec plus de diligence. L'absence de son artillerie, que l'armée navale lui portait, on dit même le défaut de bonne entente avec l'amiral anglais Showel, de qui l'armée attendait des vivres et des munitions, furent les causes d'une lenteur heureuse pour Toulon. L'armée des ennemis ne parut que le **26** juillet devant Toulon, et campa ce jour entre le village de La Valette et la mer. Le duc de Savoie et le prince Eugène montèrent aussitôt sur les hauteurs, pour reconnaître la place. Ils la virent parvenue à un trop bon état de défense pour espérer de la forcer tout-à-coup, et crurent devoir commencer par se retrancher eux-mêmes. Ils furent continuellement dérangés dans leurs ouvrages par l'artillerie des assiégés, qui tirait jour et nuit. Les canons étaient servis par des canonniers de la marine si habiles à ajuster que tous leurs coups portaient. Les bombardiers n'étaient pas moins adroits ; on les animait par de petites récompenses, tandis qu'on apercevait les travailleurs des ennemis, s'effrayant sans cesse, et ne reprenant leur ouvrage que forcés par les coups de sabre.

— Malheureusement , beaucoup de ces canons, qui étaient en fer, crevèrent, et leurs éclats, dit une relation d'alors, blessèrent et tuèrent quatre fois plus de monde que l'artillerie des ennemis (1). On mit un terme à ces accidents, en remplaçant la plupart de ces canons par des canons de bronze, qui, retenus par les vents contraires , n'étaient pas tous partis pour Arles.

— Les galiotes anglaises cessèrent le feu dans la matinée du 22 août. Une batterie promptement élevée près de la Grosse-Tour, qui leur envoya des boulets à la pointe du jour, hâta leur départ. Le lendemain, la flotte entière mit à la voile et s'éloigna, peu satisfaite de l'issue de l'attaque, et désolée, comme l'armée de terre, par les maladies ; mais laissant le port de Toulon en travail de relever péniblement ses vaisseaux, et véritablement hors d'état, par leur mauvaise situation, par son épuisement et ses fatigues, de remettre en mer une escadre d'ap-

(1) Le capitaine de vaisseau de Beaussier, qui commandait le bastion de Ste-Ursule, fut blessé d'un de ces éclats, ce qui ne l'empêcha pas de se distinguer plus tard à l'attaque de Faron.

parence. C'était un triste spectacle pour un œil accoutumé à voir la marine, que celui de tous ces beaux vaisseaux, qui faisaient naguère l'orgueil du port, maintenant sans mâts, les uns couchés sur bâbord, les autres enfoncés de l'avant ou de l'arrière, et laissant en doute s'ils seraient encore capables de former un jour une flotte.

— Les travaux du port de Toulon ne consistèrent plus, jusqu'à la fin de cette guerre malheureuse, que dans les armements de quelques vaisseaux que l'Etat prêtait aux particuliers pour la course, ou qu'il destinait à l'escorte des navigateurs marchands contre les nombreux corsaires ennemis qui infestaient ces mers, et dont les plus redoutables étaient ceux de Flessingue.

— Il y avait un relâchement extraordinaire dans le port. Les comptes des recettes et dépenses étaient arriérés de huit ans; ceux de 1704 ne furent envoyés au Ministre qu'en 1712. L'Arsenal était presque abandonné. Les fournisseurs, à qui il était dû des sommes énormes, cessaient toute livraison. Les vaisseaux, à demi coulés, qu'on s'efforçait avec des peines infinies de faire surnager, s'enfonçaient l'un après l'autre. Depuis quelque temps, les galiotes qui avaient bombardé Alger et Gênes, et qui étaient, pour ainsi dire, le frein des Barbaresques, oubliées dans un coin de l'Arsenal, étaient au fond de l'eau et obstruaient le port. Les officiers ne paraissaient point ou s'absentaient souvent; le Ministre les fit avertir qu'ils seraient rayés des listes s'ils ne se présentaient pas. Plusieurs n'attendirent que cette déclaration pour quitter un service déchu de sa précédente gloire, et auquel ils ne pouvaient presque plus se livrer qu'en plaisant aux marchands qui armaient les vaisseaux du roi. Ils ne trouvaient d'ailleurs dans le port que dégoûts et privations.

—Il faudrait peindre la triste situation des employés de toutes les classes, qu'on ne pouvait payer. Le prêt même des troupes ne s'acquittait point, quoiqu'il occupât beaucoup l'attention du port et du Ministre. Le crédit de l'archevêque d'Aix était souvent invoqué pour y satisfaire. Le sieur Granet, l'un des consuls de Toulon, avait fait des avances de ses propres deniers pour payer le prêt arriéré. Le trésorier de la province devait y pourvoir, mais les assignations qu'on lui commandait étaient presque toujours dévorées par mille autres besoins urgents.

— On jugera par un trait de la pénurie du temps. Des canons et des mortiers en fonte de l'Arsenal ayant été délivrés, en vertu d'un arrêt du roi du 29 octobre 1709, pour être convertis en *doubles liards* qui furent fabriqués à Dardennes et distribués aux salariés, quelques officiers se plaignirent de ne pas participer autant que d'autres au paiement de ces doubles liards (1).

— Le port ne s'alimentait plus que par des ventes. On se défaisait de beaucoup de cordages, de voiles, de canons superflus, et très-souvent d'objets fort utiles. Le Ministre, qui donnait les ordres de ces ventes, sem-

---

(1) Ces pièces de 2 liards reçurent du peuple le nom de *dardennes*. Elles ne furent pas frappées à Dardennes même, mais le plus gros travail s'y fit; un entrepreneur, le sieur Allain, se chargea, selon les termes de son marché, de la matière des canons, de la fondre et refondre, de la passer en lames, de la couper en flans, de la recuire et mettre en couleur, jusqu'à ce qu'elle fût en état d'être monnayée; tout cela se fit à Dardennes, d'où l'entrepreneur se chargea de transporter les flans aux monnaies voisines d'Aix et de Montpellier, pour recevoir l'application du coin. Toulon livra à peu près un million de marcs de cuivre; chaque marc devait produire 15 sous, 3 deniers net. Le sieur Allain avait trois sous par marc, des flans prêts à monnayer.

blait en avoir des remords ; il en grondait
quelquefois, mais on lui répondait qu'il
avait fallu caréner tel ou tel vaisseau privé
de secours, qui allait couler.

— Un commissaire général et des commissaires provinciaux des Invalides furent
créés par un édit de 1713 pour faire rendre
les comptes des trésoriers. Les charges des
commissaires provinciaux furent vendues
60,000 francs, et servirent à faire de l'argent... Les divers offices de l'établissement
des Invalides furent aussi vendus, de même
que des emplois de commissaire-receveur,
créés dans les amirautés, et comme les
finances de ces charges avaient été données
à la marine, le Ministre engageait d'autant
plus vivement l'intendant à trouver des ache-
teurs, et surtout à les vendre en espèces, vu
le besoin de fonds. Toute personne était
bonne pour les acquérir. On vit, chose
étrange et inconciliable en comptabilité,
une femme, la veuve Cousse, propriétaire à
la fois des offices de trésorier et de ceux
de contrôleur des Invalides des amirautés de
Martigues, Narbonne et Cette.

— Cependant les Anglais, maîtres de la
mer, insultaient toujours les côtes de la
France. Aidés de 25 vaisseaux, ils s'étaient

emparés, dans le courant de **1711**, du port de Cette, d'où ils avaient été bientôt chassés. Heureusement pour la France, elle avait conservé de bonnes relations avec le Grand Seigneur, qui donnait assistance aux vaisseaux français dans ses ports, et les puissances barbaresques, si volages, demeuraient fidèles observatrices des traités.... »

Je n'ai pas la force de suivre plus loin M. Brun dans cette peinture trop exacte de notre déchéance maritime : Vit-on jamais une misère plus grande, un spectacle plus navrant ! les canons fondus et transformés en *doubles liards;* les officiers réduits à solliciter quelques pièces de cette infime monnaie; les derniers cordages de l'Arsenal échangés contre la main-d'œuvre nécessaire pour sauver de la ruine deux ou trois vaisseaux, les emplois publics mis aux enchères et adjugés à des femmes, et enfin, suprême humilation ! la France obligée de placer ses vaisseaux sous la protection du pavillon turc !!!

Cependant la marine ne succombait pas sans combattre, et dans plus d'une occasion la victoire ne resta pas aux ennemis. M. Brun cite quelques traits qui seront lus, je n'en doute pas, avec un bien vif intérêt :

— Le 29 mars 1709, Cassard, escortant avec le seul vaisseau l'*Éclatant*, un convoi de 26 bâtiments de Marseille, qui étaient allés charger du blé en Barbarie, le sauva d'une escadre anglaise de 5 vaisseaux. Toute sa pensée fut de donner à ses bâtiments le temps de s'éloigner. Il soutint le feu de l'escadre avec une fermeté extraordinaire pendant deux jours, démâta deux vaisseaux ennemis, en coula un à fond, et parvint à se réfugier à Porto-Farina, avec tout le convoi, qu'il amena ensuite en France, où on l'attendait avec impatience au milieu de la disette.

— Le capitaine Laigle, lieutenant de frégate, commandant le petit vaisseau *Le Phénix* rencontre, le 2 juillet, en revenant de Malaga, trois vaisseaux ennemis, l'un de 30, les deux autres de 22 canons; les combattit, s'en empara, et les conduisit tous les trois à Toulon.

— Quelque temps après, 4 vaisseaux armés en course, le *Phénix*, le *Pembroke*, le *Rubis* et le *Trident*, conduits par le capitaine Laigle, allèrent attaquer un convoi réuni à Vado, le croyant sous l'escorte seulement de deux vaisseaux anglais; mais ils y trouvèrent une escadre de 15 vaisseaux, et les corsaires eurent à soutenir quelques rudes combats, où ils criblèrent de leurs coups les vaisseaux qui les poursuivirent.

— La course, ajoute M. Brun, faisait à la fin toute l'activité de la marine. Ses produits remplaçaient ceux du commerce, tellement anéanti que les négociants n'osaient aventurer leurs derniers bâtiments pour aller chercher à l'étranger le blé qui manquait. La marine leur prêta encore les siens, pour leurs propres spéculations, ne se réservant que le 1/5 du frêt, comme pour la course le 1/5 des prises. En l'année 1710, il se fit avec les vaisseaux de l'arsenal de Toulon, 26 armements en course et 20 en marchandises. Cette vigueur se maintint en 1711, et ne fut pas infructueuse. »

V.

Quelques efforts sont tentés pour relever la marine. — Des travaux sont exécutés dans l'arsenal. — Approfondissement du port.—La Commune fournit, pendant plus d'un siècle, une subvention annuelle de 12,000 livres pour cet objet. — Organisation intérieure du service. — Etablissement d'une école d'anatomie. — Expédition contre Tunis. — L'imprimeur Mallard court risque d'être mis au carcan et envoyé aux galères pour avoir publié un traité de paix.

———

Après la paix qui avait été signée les 11 avril 1713 et 6 mars 1714, la France songea au rétablissement de la marine. Louis XIV étant mort, le duc d'Orléans, chargé de la régence, confia par une ordonnance du 3 novembre 1715, la direction des affaires de la marine à un Conseil présidé par le maréchal d'Estrées.

Ce Conseil, dont faisait partie M. de Vauvré, intendant de la marine à Toulon, mais qui résidait alors à Paris, s'occupa avec une sollicitude particulière de notre port. Les mesures qui furent ordonnées à cette époque en font foi. M. Brun en donne le détail en ces termes :

— D'après les ordres du Conseil de marine, on entreprit de creuser le canal de communication entre les deux darses, pour que les plus gros vaisseaux pussent y passer. Ce canal n'avait pas encore été approfondi. Les fondements de l'ancien rempart le traversaient.

— Par un arrêt du 29 juillet 1716, la communauté de Toulon dut fournir à la marine, tous les cinq ans, une somme de 12,000 francs pour le creusage de la vieille darse, qui devait être maintenue dans toute son étendue à une profondeur de 25 pieds. L'exécution de cet arrêt n'a pas été interterrompue pendant plus de soixante-dix ans. (1)

_____

(1) Ici M. Brun commet une légère erreur qu'il me permettra de lui signaler. — La cotisation de 12,000 livrés était *annuelle* et fut supportée pendant plus de 70 ans. En effet, par deux arrêts du

— La salle d'armes était dans un mauvais état. Toutes les armes, rouillées et pleines de poussière, dépérissaient. M. Hocquart, récemment nommé intendant de la marine, obtint après de vives instances, un léger fonds pour leur entretien. Il obtint aussi que les ouvriers qui se blessaient dans l'arsenal fussent maintenus sur les rôles pour la journée.

— Le Conseil de marine chercha, en plus d'une occasion, à rétablir les règles du service. Les goûts mercantiles s'étaient introduits dans le corps de la marine pendant les opérations de la dernière guerre. Il voulut le rendre tout entier à l'esprit militaire, et

conseil d'Etat, en date des mois de novembre 1669 et décembre 1671, la communauté de Toulon fut obligée à fournir, en 10 ans, une somme de 120,000 livres pour le creusement du port, à raison de 12,000 liv. par année. Des arrêts successifs prorogèrent cette cotisation, de 5 ans en 5 ans, jusqu'en 1779. La communauté fournit donc en 120 ans, une somme totale de 1,320,000 livres. Seulement, à partir du 24 mai 1704, elle avait été autorisée à se faire rembourser les deux tiers de la dépense, soit 1|3 par les communes voisines et 1|3 par la province.

(*Archives communales— Série D. D.—Travaux publics.*)

une ordonnance du 12 avril défendit tout commerce aux officiers sur les vaisseaux du roi.

— Quelques usages qui se toléraient dans l'arsenal de Toulon furent réformés. Un grand nombre de chaloupes et canots étaient à la libre disposition de tous les officiers, employés et maîtres, qui les tenaient le long du port marchand, selon la proximité de leurs maisons, et avaient pris l'habitude de n'aller dans l'arsenal que dans les embarcations. Cette faculté fut restreinte et réservée aux principaux chefs. — L'arsenal était une espèce de promenade publique des bourgeois et de la jeunesse de Toulon, qui pouvaient commettre quelquefois du dérangement dans les vaisseaux et dans les établissements. Il fut ordonné de n'en ouvrir les portes qu'aux officiers et ouvriers, les jours de travail, et de les fermer, les dimanches et fêtes, à tous autres qu'aux personnes de garde.

— Tout nouveau chef, doué d'un bon esprit, arrive dans ses fonctions avec l'intention du bien et du mieux. Il se donne, avec bon droit, la mission de voir et de réparer les irrégularités qui se glissent toujours à la longue, et qui avaient fini par être moins

aperçues. C'est ce que fit M. Mithon, nouvel
intendant, qui prit possession de ses fonctions le 22 avril 1722. Un de ses premiers
soins fut d'établir un ordre dont le port
avait besoin. Les ouvriers ne se rendaient
au parc (c'est ainsi que l'arsenal était habi-
tuellement appelé, et qu'il l'est encore dans
la langue du pays) qu'à une heure de jour.
Il régla qu'ils y seraient rendus au point du
jour, un quart d'heure après la cloche
sonnée, et que la porte serait fermée après
ce quart d'heure. En même temps, il ré-
clama pour eux une augmentation de paye
et l'exactitude des paiements, que l'usage
était de faire par quinzaine. Il observait que
quinze jours d'attente les mettaient à la
misère, et souvent, voulant remédier au
retard des fonds, il empruntait ou avançait
du sien pour payer ces malheureux ouvriers,
imitant en cela la généreuse bonté de M.
Hocquart, son prédécesseur, qui avait souvent agi ainsi. Il réprima sévèrement les
gaspillages. Un maître forgeron entretenu,
homme d'ailleurs plein de vices, fut condamné pour vol aux galères perpétuelles.

— Il trouvait dans le sieur Beaussier, lieutenant du port, un sujet excellent et fort
utile, qu'il envisageait comme étant d'une

grande ressource dans l'Arsenal.— Plusieurs constructeurs de mérite servaient dans le port. A leur tête étaient les sieurs Levascens et Coulomb, le premier profond mathématicien, le second issu d'une famille de constructeurs en réputation depuis plus de cent ans.

— Il obtint des pensions et des gratifications pour plusieurs officiers qui s'étaient montrés pendant la contagion.

— C'est à lui que le port dut l'établissement, en 1725, d'une école d'anatomie pour les officiers de santé de marine. Il y fit instituer quatre élèves chirurgiens entretenus et payés à quinze francs par mois.

— 1726. Il était accordé depuis quelques années un fonds de douze millions pour les dépenses générales de la marine. Ce crédit fut réduit, pour l'année 1726 à huit millions. Le port de Toulon eut dans la répartition 1,069,000 francs. Il fallut diminuer les dépenses et éloigner les espérances données l'année précédente, il fut résolu qu'il n'y aurait point d'armement, et quant aux constructions, le Ministre fit pressentir la déplorable résolution de ne plus faire aucune augmentation au nombre des vaisseaux existants, et seulement de remplacer ceux qui vieilliraient.

— Le chef d'escadre Duquesne, commandant du port, mourut le 17 novembre. Il
n'était pas seulement recommandable comme
neveu de l'illustre Duquesne, mais encore
par sa bravoure et ses talents personnels.

— 1727. Alger venait de se raccommoder
avec la Suède, la Hollande et l'Empire; les
corsaires algériens et tunisiens n'ayant plus
rien à craindre de ce côté, se répandirent
en grand nombre, dans le mois d'avril, sur
la côte de Provence, et mouillèrent aux Iles
d'Hyères. Ils commencèrent par se jeter sur
des bâtiments étrangers dont ils poursui-
vaient les équipages fuyant à terre, en dé-
barquant après eux, malgré qu'ils ne pussent faire des prises qu'à dix lieues des côtes
françaises.

— 1728. Une escadre fut envoyée à Tunis
et obtint satisfaction. Le montant des restitutions fut de près de cent mille livres,
indépendamment de la liberté des prison-
niers faits et de vingt esclaves étrangers. La
France n'exigea rien pour les dépenses oc-
casionnées par divers armements tunisiens
qui avaient relâché à Toulon, préférant la
liberté de vingt esclaves à la somme qui aurait pu lui revenir. Un article du traité porta
que le Bey de Tunis enverrait un ambassa-

deur pour demander pardon au roi. L'argent des restitutions fut distribué à Toulon, avec quelque solennité, aux anciens propriétaires, et les esclaves délivrés furent habillés et renvoyés chez eux avec une somme pour leur conduite. Les puissances voisines, disait l'Intendant, connaîtront avec quelle magnanimité le roi leur fait rendre justice et soutient l'asile de ses côtes.

— L'imprimeur Mallard, venu dernièrement de Marseille, avait imprimé bénévolement le traité de paix conclu avec Tunis, et la relation du bombardement de Tripoli. Le Ministre s'en formalisa, et menaça le sieur Mallard de poursuites, qui auraient pu le conduire au carcan et aux galères, punition infligée à ceux qui imprimaient quelque chose sans la permission du roi. Les consuls de Toulon, qui étaient les juges de police, s'excusèrent de n'avoir pas prévu cet inconvénient, sur ce qu'il n'y avait pas eu d'imprimerie établie dans la ville avant celle du sieur Mallard ; néanmoins les exemplaires furent saisis et brûlés. »

Le fait énoncé par les consuls, au sujet de l'imprimerie n'était pas exact. Ils commettaient, sciemment peut-être, une grosse erreur, en alléguant, pour justifier Mallard et leur ignorance en pareille matière, qu'il n'y avait pas eu d'imprimerie à Toulon avant la sienne. En effet, près d'un siècle avant l'époque où ils s'exprimaient ainsi, en°1650, les Consuls leurs prédécesseurs avaient appelé à Toulon, l'imprimeur Bénoît Collomb ; en 1667, Claude du Tour, imprimait dans la même ville ; enfin, en 1689, enfin, en 1689, Pierre Louis Mallard, père ou oncle de l'incriminé, publiait précisément, dans des conditions semblables, un écrit tout aussi politique que celui de 1728 : il était intitulé : *Traité de paix entre l'empereur de France et le gouvernement du royaume d'Alger (1).* L'année précédente, Claude du Tour, avait publié un ouvrage qu'il est bien difficile de se procurer aujourd'hui et qui avait pour titre : *Recueil des antiquités curieuses de Tolon, dédié à Mgr Louis Girardin de Vauvrée (2).*

Ces détails bibliographiques sont extraits d'un savant ouvrage, récemment publié par

(1) Un vol. in-4°. A Toulon, chez Pierre-Louis Mallard, imp. du Roy, de la ville, du collége et de la marine. — 1689.

(2) Un vol. in-18. A Toulon. De l'imp. royalle, par Clavde du Tovr, imp. du Roy. — 1688.

M. Bory, sur *Les origines de l'imprimerie
à Marseille (1).*

Les consuls de Toulon ne pouvaient igno-
rer les faits que je viens de relater; car,
à partir de 1650, on retrouve dans les
comptes trésoraires de la commune la trace
des paiements faits aux différents impri-
meurs de la ville, soit pour *leurs gages,*
soit pour divers travaux effectués (2) ; mais
ces magistrats voulaient sauver leur imprimeur, menacé du carcan, et, pour ce faire,
ils crurent devoir fausser un peu la vérité.
Peut-être aussi y avait-il eu une interrup-
tion et profitèrent-ils de la circonstance
pour affirmer que le Mallard en question,
était le premier imprimeur établi à Toulon.

Depuis cette époque, et jusqu'à la Révolution, l'imprimerie toulonnaise fut dirigée
par la famille Mallard, qui a laissé les
meilleurs souvenirs (3) et qui a été rem-

(1) Un vol. in-8°, tiré à 100 exempl. Marseille,
1858. *Librairie nouvelle* de V. Boy.

(2) Archives communales. Comptes trésoraires
Registre des délibérations. Séries B. B. et C. C.

(3) Voici notamment un trait qui leur fait honneur :

Le 25 mars 1789, les ouvriers de l'Arsenal ré-
clamaient avec violence le paiement de leurs salaires,

placée par une famille non moins hono-
rable, celle de Marc Aurel et d'Eugène
Aurel.

---

le comte Albert de Rioms, commandant de la marine
s'efforçait en vain de calmer leur irritation ; *la faim
n'a point d'oreille* ; l'émeute grossissait et le danger
était d'autant plus grand qu'on ne voyait aucun
moyen de le conjurer. En ce moment l'imprimeur de
la ville, le respectable Mallard, ancien magistrat mu-
nicipal, instruit de ce qui se passait, court à la porte
de l'Arsenal, pénètre dans l'attroupement, passe à
travers les groupes et arrive jusqu'à M. Albert, qu'il
prie d'accepter la somme très considérable qu'il fallait
pour la solde (60,000 livres). Le chef de la marine
accueillit l'offre du citoyen; les ouvriers instruits de
ce qui se passait, se calmèrent, rentrèrent dans le
devoir et payés des deniers de M. Mallard, cessèrent d'être dangereux. — *Histoire de Toulon depuis
1789 jusqu'au Consulat*, par M. Henry. — T. I.
p. 56.

VI.

*Duguay-Trouin vient à Toulon. — Son
avis sur les constructions navales. —
Il commande une expédition contre
Alger. — Arrivée à Toulon d'un ambassadeur turc, qui est logé au Jardin
du Roi. — L'infant Don Philippe, vient
également à Toulon. — Il visite l'arsenal. — Une escadre anglaise surveille
les Espagnols. — Punition singulière
infligée à un propagateur de fausses
nouvelles. — Les galères quittent le port
de Marseille. — Etablissement du bagne
à Toulon. — Esclaves turcs.*

———————

Je reviens à l'histoire du port de Toulon
et je reprends l'analyse des documents publiés par M. Brun. Comme précédemment
je lui laisserai presque toujours la parole ;
car ceci n'est pas un ouvrage fait avec celui

de M. Brun ; mais un résumé, en ce qui concerne Toulon, de tous les faits qu'il a raconté. C'est, (pour bien définir l'intention de cette étude), une chronique du port de Toulon, extraite du volumineux et très-intéressant travail publié par M. Brun.

— Vers la fin de 1730, Duguay–Trouin, qui avait le titre de lieutenant-général des armées navales, vint visiter le port de Toulon. Il n'avait jusqu'alors servi que dans l'Océan, qu'il avait glorifié de sa renommée. Son âge avancé ajoutait à la considération générale dont il était entouré. Cependant, comme tous les hommes supérieurs, il eut quelques ennemis à qui son élévation faisait ombrage. Dans le nombre était le marquis de Rouvray, qui commandait la marine à Toulon lorsqu'il y arriva, et qui, envieux et jaloux, lui suscita des tracasseries. M. Mithon, au contraire, se sentait honoré de lui témoigner mille marques d'amitié. Chargé d'être médiateur entre les deux officiers généraux, il écrivait à M. de Maurepas : « Duguay a oublié tout ce qui s'est passé » de lui à M. de Rouvray, et il évite tout ce » qui pourrait lui donner le moindre om- » brage ; il a sacrifié son ressentiment à » l'utilité du service qu'il peut rendre ici. »

Dans une autre occasion, M. Mithon écrivait
encore : « Je répondrai bien de M. Duguay,
» qui a l'esprit juste et ne s'écarte point :
» mais on ne saurait jamais s'assurer de
» l'autre, qui n'est jamais dans la même
» assiette, et qui, s'il parle raisonnablement
» une fois, s'écartera le moment après, et
» dira une extravagance. »

— Les avis de Duguay-Trouin sur différentes parties du service furent recherchés
et accueillis avec empressement. Comme ce
moment était celui où l'administration faisait venir des bois, elle était dans l'intention
de commander un assortiment pour un
vaisseau de 80 canons. M. Mithon, consulta
Duguay-Trouin sur ce projet, et rendant
compte de sa conférence avec lui : « Il
» prétend, dit-il, que ce vaisseau de 80 ne
» serait pas d'un aussi bon usage, si nous
» avions la guerre avec les Anglais, que
» ceux de 74, parce que, sans nous piquer
» de donner des batailles par mer, qui coû-
» tent infiniment à la France et ne décident
» de rien, et où les Anglais auraient le plus
» souvent la supériorité par le nombre de
» leurs vaisseaux, il serait plus utile au ser-
» vice du roi et plus ruineux pour nos en-
» nemis, d'avoir 40 à 50 vaisseaux dans le

» port de Brest, depuis **74** jusqu'à **50**
» canons, avec de petites frégates qu'on
» détacherait par escadres, suivant les avis
» qu'on aurait de leurs entreprises et de
» leurs convois, pour courir après et les
» surprendre; que ce serait le moyen de
» les désoler partout et de ruiner leur com-
» merce. »

—Cette opinion, ajoute M. Brun, se sentait
de la prédilection de Duguay-Trouin pour
ses premières armes ; elle eut du poids,
parce qu'elle sortait de sa bouche. Le ministre répondit qu'il pensait comme lui; il
eut pour son avis une pleine déférence dans
les projets de construction. Il n'y eut de
vaisseau de **80** ordonné qu'en **1740.** »

La pensée d'une guerre avec les Anglais
était alors dans tous les esprits. Duguay-
Trouin, partageait le ressentiment général
qui animait les marins contre nos voisins.
On l'aimait à cause de cette antipathie qu'il
ne cachait nullement. Son expérience lui
avait fait bien juger de la situation et peut-
être, si les circonstances revenaient les
mêmes, se ressouviendrait-on de ses conseils.

— **1731.** Vers cette époque, des corsaires algériens violèrent de nouveau les

- 119 -

traités. M. Mithon conseillait de les châtier sans retard. Ce qui contribuerait à aguerrir notre marine, à fortifier les officiers et à mettre la France en état de tenir tête aux Anglais à la première rupture.

Déjà le ministre avait résolu de demander des explications aux puissances barbaresques, les armes à la main, et c'était Duguay-Trouin qu'il chargeait de cette expédition. L'escadre fut composée des vaisseaux : *L'Espérance, le Léopard, le Toulouse* et *l'Alcyon.*

— Les vaisseaux de **74** avaient la poupe extrêmement élevée. Duguay-Trouin fit raser, sur *l'Espérance,* qu'il monta, les chambres des dunettes. D'après son observation, on rasa de même quatre autres vaisseaux semblables.

— L'escadre partit le **3 juin.** Elle arriva à Alger, où Duguay-Trouin eut beaucoup de peine à obtenir la liberté de quinze pêcheurs français, qu'un corsaire venait de prendre devant le port de Cette, celle de quelques français déjà esclaves, et surtout de huit génois pris sur nos côtes, que le dey ne voulait pas relâcher, alléguant avec insolence qu'insister là-dessus c'était battre le fer froid, et qu'il s'étonnait que l'on prît la défense de ces gens-là. Il les relâcha pourtant.

— De temps à autre, des corsaires barbaresques relâchaient à Toulon. On avait coutume de leur faire déposer le gouvernail à la quarantaine, de peur qu'ils ne sortissent inopinément pour aller s'emparer des bâtiments italiens qu'ils voyaient sortir du port. Il n'était pas rare de voir dans ces relâches quelques renégats français ou étrangers se sauver à terre. Le clergé s'empressait alors de s'emparer d'eux pour les faire rentrer dans le giron de l'Eglise. Ils faisaient abjuration entre les mains de l'évêque, et quand ils avaient reçu l'absolution de leur apostasie, celle de leur désertion (car ce n'était presque que des soldats ou marins déserteurs) leur était facilement accordée. La terre de France affranchissait tous ceux qui y mettaient le pied ; et, à cet égard, il y avait une entière réciprocité ; car lorsque les turcs, esclaves sur les galères d'Espagne, de Malte, ou de quelque autre puissance chrétienne, de relâche en France, se sauvaient à la nage, ils avaient recouvré de droit leur liberté en touchant le sol français.

— 1741. On vit arriver, le 15 septembre, un ambassadeur de la Porte, Saïd Mehemed, pacha Begler, bey de Romélie, personnage distingué de la cour ottomane, qui aborda à Toulon sur deux navires marchands, avec 150 personnes de sa suite. Il fut reçu avec honneur et apparat, et logé au Jardin du Roi, où l'on dressa pour sa suite une cinquantaine de tentes. La cour lui envoya des équipages de Paris, et il partit pour la capitale le 7 novembre, fort satisfait des attentions qu'on avait eues pour lui.

— 1742. L'infant don Philippe, qui était à la tête de l'armée espagnole, réunie aux Français dans le nord de l'Italie, vint à Toulon et parcourut l'arsenal (15 avril). Il entra dans la salle des gardes de la marine, nouvellement bâtie à côté de la porte d'entrée, et vit tous les exercices, la manœuvre, le pilotage, le canon et même la danse. Il visita les divers ateliers, la Corderie où l'on commit un câble en sa présence, et le Magasin Général, où il s'amusa à se faire peser, avec plusieurs seigneurs de sa suite, (il pesait, suivant la relation enregistrée, 133 livres, poids de marc).

— Il resta plusieurs jours à Toulon, visita l'escadre qui était mouillée sur deux lignes, et vit du coteau de La Malgue, le spectacle d'un combat simulé entre deux

vaisseaux. Pendant plusieurs soirs, les vaisseaux de France et d'Espagne s'illuminèrent
splendidement. (1)

— Jusqu'alors il n'avait paru sur la côte
que quelques croiseurs anglais. Le 17 avril,
l'armée navale anglaise, commandée par l'a-
miral Mathews, se montra devant Toulon,
forte de 28 vaisseaux. Elle établit une sévère
croisière à l'est et à l'ouest, visitant tous
les bâtiments, s'emparant même des bâtiments français chargés pour compte espa-
gnol, et venant les arrêter presque sous le
cap Sepet (2).

— L'escadre anglaise mouillait souvent
aux Iles d'Hyères. Il lui arrivait des munitions de Mahon. Elle était devenue forte de
38 vaisseaux.

(1) Il fut reçu avec les plus grands honneurs par
la ville. Pendant trois soirs la cité fut illuminée.
L'Hôtel-de-Ville, où il logea, étant insuffisant, on
perça le mur et on prit sur la maison voisine.

(2) En avril 1743, un brigantin anglais, poursui-
vant un bâtiment français, reçut deux coups de canon de la batterie Sepet. L'amiral Mathews s'en
plaignit ; mais, sur l'exposé vrai de l'affaire, il s'ex-
cusa, et on finit de part et d'autre par des politesses.
La même scène se renouvela en juin à l'égard d'un
vaisseau.

— On fut distrait un moment de ces évè-
nements sérieux par la bizarre punition d'un
notaire du Vivarais, qui ayant publié dans
sa commune que les Anglais s'étaient rendus
maîtres de Toulon, avaient rasé les églises
et dressé des temples, fut envoyé par la ma-
réchaussée, à ses dépens, pour voir lui-
même sur les lieux ce qu'il en était. On le
promena dans la ville, entouré de curieux,
et on lui fit parcourir ensuite la rade, l'escadre et l'Arsenal.

— Le 4 mai 1740. — Les fortifications de
la province, qui étaient sous l'inspection et
l'administration de l'intendant du port de
Toulon, en furent retirées et placées sous les
soins directs du département de la guerre.
L'intendant perdit ainsi ses attributions sur
la place de Toulon, sur le fort projeté de la
Malgue, celui d'Artigues, sur les autres fortifications du côté de terre, sur Saint-Tro-
pez, Antibes, l'île Sainte-Marguerite, etc.
Mais l'arsenal de la marine, les deux darses,
leurs quais et enceintes, la Grosse-Tour,
l'Aiguillette, Balaguier, le fort Saint-Louis,
Saint-Mandrier, le Lazaret, les Poudrières,
les batteries des deux rades, restèrent dans
la dépendance de la marine, ainsi que les
îles de Port-Cros, Porquerolles, Brigançon,

et les autres batteries des Îles d'Hyères qui gardaient le mouillage.

— Au commencement de 1745 fut prise une disposition nouvelle qu'on a peu remarquée, et qui pourtant eut une immense influence sur l'esprit de corps qui anima depuis les officiers militaires de la marine, et leur attira ensuite la plus grande part dans l'administration des arsenaux. Jusqu'alors le commandement des ports était une attribution de l'officier le plus ancien qui se trouvait sur les lieux, c'était une fonction à peu près accidentelle. Cet état de choses fut changé. « Le roi, dit le ministre (17 jan-» vier), a cru ne pouvoir rien faire de plus » avantageux pour son service que d'établir » des commandants fixés dans les ports, » afin que les affaires fussent suivies d'un » même esprit, sans être exposées aux va-» riations où elles étaient sujettes par le » changement fréquent des commandants et » leurs divers caractères. »

— 1746. L'intendant faisant ses efforts pour réprimer la désertion des matelots, et les protégeant contre eux-mêmes, il dirigea des actes de sévérité sur ceux qui paraissaient favoriser leur désobéissance. Un particulier qui avait reçu un de ces déserteurs

reçut défense, par ordre du roi, d'habiter
la ville, ni à moins de dix lieues du port.
Cinq matelots déserteurs avaient été cachés
dans le couvent des Récollets de la ville, par
un frère récollet. M. de Villebranche voulait,
pour faire un exemple, faire quitter la robe
à ce frère, et l'embarquer en qualité de ma-
telot, à quoi il le trouvait très-propre. Il
se désista à la fin de cette détermination, sur
la prière du père gardien, à qui le ministre
laissa le soin de mettre le frère en péni-
tence.

— 1748. Le corps des galères avait formé
jusqu'alors un département distinct de celui de la marine. Il avait son personnel, ses
approvisionnements et sa comptabilité. Son
arsenal était encore à Marseille, où il pri-
mait, sinon par son importance, du moins
par son ancienneté. Une ordonnance du
mois de septembre en prononça la fusion,
qui s'effectua le 1er janvier 1749.

— Les galères durent quitter leurs éten-
dards rouges et arborer les pavillons blancs
de la marine. Les intendants eurent la police des bagnes, ainsi que celle des galères
et des vaisseaux, où, à défaut d'emplacement, on logeait des forçats. La chiourme

des galères de Marseille était alors de 4,000
hommes. La distribution fut faite à raison
de 2,000 hommes pour Toulon, 1,500 pour
Brest, et 500 pour Rochefort.

— La chiourme se recrutait toujours d'esclaves turcs et barbaresques, qu'on achetait
dans les divers états d'Italie. Tous les consuls, surtout celui de Malte, avaient des
crédits ouverts pour de pareils achats. Dans
le mois de juillet 1749, il vint à la fois de
Gênes, trente-quatre esclaves turcs, qui
avaient coûté 250 liv., *l'un dans l'autre*.
Ces achats étaient quelquefois sujets à
différentes considérations. Le consul de
Malte avait acheté publiquement huit esclaves candiotes, d'un corsaire sarde. A peine
cet achat eut-il été connu à Candie, que les
parents de ces esclaves ameutèrent la po-
pulace contre la nation française, qui aurait couru un grand danger si le pacha ne
se fut employé à apaiser la sédition en faisant espérer le rachat des esclaves. Effecti-
vement le rachat fut permis, et ces esclaves,
qui étaient depuis quelques mois à Toulon,
furent mis en liberté.

— Cependant on n'était pas toujours dis-
posé à céder les esclaves turcs, lorsqu'ils

étaient jeunes et vigoureux ; et le ministre refusa des rançons de **800** fr. ! parce que, disait-il, les occasions d'en acheter de nouveaux devenaient fort rares. Les Turcs étaient recherchés pour le service des galères, parce qu'ils étaient ordinairement forts et robustes. On les mettait, comme chefs de vogue, à la tête des avirons pour donner l'élan.

— **1753.** Le projet d'agrandir le port occupait alors les esprits. Le repos de la paix, favorable au cours des idées, semblait ainsi donner le temps de s'occuper d'une entreprise de ce genre. Le ministre avait reconnu la nécessité d'établir des magasins aux vivres et un hôpital. Tous les officiers connus pour être expérimentés dans le génie ou la marine furent consultés et donnèrent chacun leur projet d'établissement. Mais ces projets n'eurent pas de suite.

— Il y avait alors une grande pénurie de fonds. Le trésorier ne pouvait trouver de l'argent nulle part. « J'aurais été fort embarrassé, dit M. de Villeblanche, pour la levée des marins à embarquer sur les deux chebecs *le Requin* et *le Rusé*, sans un petit capital qui a été remboursé à

» mon premier domestique , que je me
» suis fait prêter. La ville est épuisée par
» les sommes considérables que le roi y
» doit, et les trésoriers généraux, par leurs
» remises inexactes, laissent le port dé-
» pourvu d'argent. »

VII.

Guerre contre les Anglais. — Le maréchal de Richelieu s'empare de Mahon. — Les corsaires marseillais. — Uniforme des officiers de marine. — La Commune de Toulon et la Chambre de commerce de Marseille prêtent des sommes considérables à l'Etat pour faciliter les armements. — Défaite de l'escadre commandée par M. de Laclue. — Un ministre économe. — Réformes utiles. — Détails puérils. — L'arsenal livré aux rats. — Meilleure organisation du service sanitaire. — Les élèves chirurgiens ne sont plus admis à l'âge de 4 ans, ni payés à 9 ans. — Conflits. — conclusion.

———

— 1755. Les hostilités sur mer recommencèrent. Une expression équivoque du traité d'Aix-la-Chapelle, sur des limites de territoire, encouragea les Anglais à s'étendre sur le Canada. Les négociations pour s'entendre furent vaines, et la rupture que l'Angleterre avait méditée éclata par l'injuste saisie de trois cents vaisseaux marchands, avant aucune déclaration de guerre.

— 1756. Douze vaisseaux furent armés et carénés avec une célérité extraordinaire dans les premiers mois de 1756. La conquête de Minorque, que les Anglais occupaient depuis 50 ans, avait été résolue et confiée à l'ardeur du duc de Richelieu. M. de la Galissonnière, marin habile, commandait l'escadre.

Le maréchal de Richelieu arriva le 27 mars à Toulon. L'escadre et la flotte appareillèrent le 9 avril, et le 28 du même mois, le maréchal écrivait qu'il était en possession de Mahon et de toute l'île.

— La course ayant été permise, il partit un assez grand nombre de corsaires des ports de la Méditerranée. Le port de Toulon prêta le vaisseau l'*Hippopotame*, les chebecs l'*Indiscret*, le *Serpent*, deux demi-galères, la flûte *La Loire* et la barque l'*Hirondelle*, qui fut particulièrement demandée par la Chambre de commerce de Marseille. Dans le cours de la guerre, les opérations de la course furent suspendues de temps à autre, principalement au moment des levées. Cependant plusieurs prises furent amenées dans les ports. Il entra à Marseille seulement, en 1757, quarante prises anglaises ; il en était entré vingt-cinq en 1756.

— Les officiers de la marine faisaient alors des instances pour avoir un uniforme. Bien différents de leurs devanciers du règne de Louis XIV, qui rejetaient tout uniforme obligatoire comme une livrée, ils sentirent qu'il pouvait y avoir une distinction à le porter. Ils avaient pris, pour la plupart, ceux de l'infanterie et de l'artillerie. Un règlement du mois d'octobre 1756 leur en assigna un sans cependant les y obliger. C'était l'habit bleu de roi, la veste, la culotte et les bas rouges.

— 1758. Deux galères *La Brasse* et *La Duchesse*, armées pour la foire de Beaucaire, s'emparèrent sur la côte de Languedoc, d'un corsaire anglais de 12 canons et de 108 hommes d'équipage.

— Ces deux galères n'avaient pu être armées sans un emprunt de 60,000 livres fait à la communauté de Toulon. La force des circonstances ne permit de rembourser cet emprunt que plusieurs années après. La pénurie des finances était extrême. Les employés de toutes les classes gémissaient sous

un arriéré qui. s'accumulait tous les jours.
Le retard des paiements avait pensé oc-
casionner une émeute de la part des ouvriers
étrangers, que l'on ne ramenât au travail
qu'avec beaucoup de peine. L'intendant ou-
vrit un emprunt à la chambre de commerce
de Marseille, pour donner quelques à-comp-
tes aux salariés, il tenait à cacher au public
la connaissance de cet emprunt ; mais il n'é-
tait pas possible d'en faire un mystère ; il
obtint 300,000 livres, avec lesquelles il paya
trois mois aux ouvriers et six mois aux entretenus qui étaient plus arriérés. La chambre de commerce de Marseille n'avait cessé
de prêter depuis l'expiration de 1756 à laquelle elle avait contribué. Elle était en
1758, en avance de plus de 4 millions.

— Il restait dans le port huit vaisseaux
que le Ministre voulait préparer. M. de
Glaudevès et M. de Massiac représentaient
alors insidieusement au Ministre qu'on
l'avait trompé sur la situation des vaisseaux ;
ce qui était un acte d'hostilité, et manquait
d'exactitude ; car malgré la souffrance des
ouvriers, la plus grande activité régnait
dans l'Arsenal. Tous les vaisseaux avaient
été armés l'année précédente, presque tous
réarmés dans l'année courante, et ceux qui

restaient dans le port et qui étaient l'objet du reproche le furent avant la fin de l'année. D'ailleurs, l'intendant, dans sa correspondance ne cachait rien au Ministre de leur véritable état.

— Mais il y avait alors dans la marine une jalousie extrême et une grande division entre les militaires et les civils, qu'on désignait sous les noms d'officiers d'épée et de plume. Ce dernier état était tombé en déconsidération vis-à-vis de l'autre. Il y avait eu sans doute quelque faute dans ceux qui le professaient ; mais cette faute consistait moins dans un défaut d'accomplissement de leurs devoirs au service que dans l'imprudence qu'ils avaient eue de blesser l'amour-propre des officiers d'épée. Sortis la plupart des classes bourgeoises ou roturières, il semblait qu'ils eussent tort d'aspirer à quelques honneurs ou prérogatives. Les faibles distinctions dont ils étaient en possession depuis longtemps leur étaient disputées ; à plus forte raison s'éleva-t-on contre la coutume que les écrivains et après eux les officiers de santé adoptèrent, par mode ou fanfaronnade, de porter l'épée. Cette épée était souvent tirée : des disputes, des voies de fait éclataient entre les deux classes, au spectacle et dans les sociétés où l'on se rencontrait. Les gardes de la marine surtout n'étaient point contenus, et ces différends donnaient lieu à des plaintes rapportées de diverses façons, dans lesquelles le ministre ménageait extrêmement les officiers militaires. Les germes de la discorde étaient tellement répandus, qu'ils ne s'affaiblissaient point dans les affaires de service. Les officiers d'épée voyaient avec peine les officiers de plume partager leur influence dans l'arsenal, et avoir une égale voix dans les commissions et dans les opérations où ils avaient des rapports ensemble. Il faut dire aussi que les officiers militaires venaient de passer, depuis 1708, dans les loisirs d'une longue paix, interrompue seulement par les cinq ans de la guerre de 1744. Ils avaient été dans les ports simples spectateurs, tandis que les travaux et l'activité, et par conséquent le pouvoir, étaient alors le partage du corps administratif. Ce rôle de repos était devenu un rôle de critique ; mais, restant pour ainsi dire secondaire, il ne convenait point à plusieurs esprits actifs qui s'élevaient parmi eux. Depuis quelques années, ils ambitionnaient de pouvoir agir, dans la paix comme dans la guerre, et

voulaient à la fois rechercher toutes les oc-
cupations et toutes les satisfactions d'amour-
propre. De plus grandes connaissances
s'étaient répandues dans le corps militaire.
Beaucoup d'officiers aimaient l'instruction ;
l'académie de Brest excitait leur émulation,
et généralement ils étaient supérieurs par
les lumières à la plupart des administrateurs. Mais ils en abusaient en cherchant à
les abaisser et à empiéter sur eux, en se
mêlant de leurs fonctions, en s'en emparant
ensuite, et voulant se passer d'eux, même
dans les affaires les plus administratives.

— Les chefs, lancés eux-mêmes dans cet
esprit de corps, prenaient parti pour leurs
subordonnés. Le chevalier de Fabry, major
de la marine, était attentif à saisir toutes
les occasions où l'influence militaire pouvait
gagner du terrain. Il s'était distingué au
combat de la Galissonnière, et en quelques
autres occasions où il avait fallu de la re-
présentation. Homme à projets, jeune, plein
d'ardeur, il s'était emparé de l'esprit des
derniers commandants de la marine, qui
avaient eu en lui toute confiance. Une vive
dispute s'engagea, parce que M. de Fabry
avait fait afficher deux consignes à la maison
qui servait d'hôpital à la marine, malgré les

ordonnances qui attribuaient exclusivement
la police des hôpitaux à l'intendant. Ces
consignes détruisaient une police établie par
l'administration ; mais elles choquaient davantage, en ce qu'elles étaient empreintes
du mépris que le militaire voulait inspirer
contre les officiers civils. Dans le même
temps, on essayait d'ôter à l'intendant la
police des chiourmes. Les recettes et les
opérations intérieures de l'arsenal étaient
surchargées de la présence des officiers
militaires, qui affectaient d'y prendre part.

— M. Michel, ordonnateur, intendant par
intérim, mettait de son côté de la chaleur à
repousser ce qu'il appelait les violences des
officiers d'épée, qui, disait-il souvent, ne
connaissent et ne veulent suivre les ordonnances et les lettres du ministre que lorsqu'elles leur sont favorables. Il s'anima
surtout lorsqu'un officier du vaisseau *le Lion*
eut fait tirer à balle sur un canot qui allait
mettre à terre l'écrivain. Les principaux
officiers de la marine ne purent s'empêcher
d'être indignés à l'instant d'un acte qui
dépassait toute violence ; mais leurs rapports au ministre atténuèrent les torts de
l'officier, à qui ils dirent qu'il n'avait
rien à craindre. Le commandant de la ma-

rine affecta de garder la neutralité dans cette affaire ; mais quand le ministre eut ordonné le débarquement à la fois du lieutenant de vaisseau et de l'écrivain, M. Massiac fut entraîné à représenter que l'officier était puni pour avoir fait son devoir, et confondu avec le coupable; qu'il ne fallait plus s'attendre à être obéi ni à maintenir l'ordre, et qu'il y avait eu violation de la consigne. En revenant sur cette dernière circonstance, il reproduisait un prétexte avancé pour justifier l'officier, et que les premières explications avaient détruit, puisque, de l'aveu même de M. Laclue, qui n'était pas suspect, cette prétendue consigne, qu'on lui attribuait parce qu'il commandait l'escadre, n'existait pas. L'écrivain était en règle, et la violence avait été tout à fait arbitraire et capricieuse.

— Le 4 août 1759, une escadre composée de 12 vaisseaux et de 13 frégates partit de Toulon, sous le commandement de M. de Laclue. Le ministre, en envoyant les instructions pour ce départ, recommanda instamment de ne pas publier qu'on les avait reçues. L'intendant répondit qu'il savait depuis quatre jours, par des lettres qu'on avait reçues de Paris, qu'elles étaient en route.

— Aussitôt que l'escadre eut passé le détroit, elle se vit poursuivie. Malheureusement, pendant la nuit, et à la suite d'un signal qui fut mal compris, cinq vaisseaux et trois frégates se séparèrent d'elle, et relâchèrent à Cadix. Les autres sept se virent bientôt atteints par quatorze vaisseaux de l'amiral Boscawen ; mais ils songeaient plus à se sauver qu'à disputer une défaite inévitable. La journée du 17 août ne fut qu'une fuite, où quelques coups de canon furent tirés. Un seul vaisseau soutint hardiment le combat ; ce fut le *Centaure*, capitaine de Sabran-Grammont, qui arrêta sur lui presque toute l'escadre anglaise. Après quatre heures de résistance, délabré et toute sa mâture tombée, le capitaine Sabran, se voyant dans l'impossibilité de manœuvrer, fit descendre à la première batterie tout ce qui restait de son équipage pour combattre encore, espérant par ce moyen tenir plus longtemps et donner au reste de l'escadre le temps de se sauver. Enfin réduit à l'extrémité, le vaisseau faisant eau de toutes parts percé de trois cent dix boulets sous la flottaison, et ses poudres mouillées, il se rendit.

— L'opinion blâma M. de Laclue de ses mauvaises dispositions et les autres capitaines de leur manque d'énergie, à l'exception du commandant du *Centaure*, qui, par un contraste de rare intrépidité, recueillit seul quelque gloire dans cette malheureuse journée.

— A la nouvelle de cet évènement, le port de Toulon tomba dans le plus fort abattement. « Toute la ville est consternée, » écrivait M. de Glandevès, commandant de » la marine; on n'entend que pleurs et gé-- » missements. »

— Cette douleur augmenta la tristesse du port, qui souffrait du retard ou plutôt de la suspension des paiements. Il était dû un an de solde aux ouvriers, vingt-trois mois aux entretenus. Les officiers qui négociaient leurs quittances perdaient 40 à 50 p. o₀o. Les ouvriers livrés la plupart à des mains encore plus usurières, ne trouvaient enfin plus à perdre sur les billets qu'on leur expédiait; les agioteurs mêmes étaient épuisés. Les boulangers cessant tout crédit, ne voulait plus leur fournir du pain qu'au comptant, et on rencontrait ces malheureux demandant l'aumône dans les rues de la ville. Chaque courrier portait au Ministre quelque lettre de l'intendant, qui demandait des fonds et peignait la situation affreuse des familles succombant aux extrémités de la faim et des autres misères.

— M. Hurson mit de l'ordre dans la comptabilité. Il révoqua un concierge qu'il trouva placé à l'hôpital des chiourmes avec des appointements d'officier ; homme très-protégé, dit-il, parce qu'il avait été un excellent cuisinier. Les formules de M. Berryer, alors ministre de la marine, étaient de simplifier les détails, de diminuer les embarras et de fermer la porte aux abus. Ce Ministre renouvela la défense de délivrer aucun effet de l'Arsenal à qui que ce fut sans son ordre ; et régla qu'on ne l'obtiendrait jamais qu'à condition du paiement comptant et du quart en sus pour les effets neufs. — Il refusa les achats de feuilles d'or pour la décoration des vaisseaux, disant que l'instruction du roi était qu'à l'avenir aucune partie des vaisseaux ne fut dorée. — Il s'attacha à la suppression des plus petites dépenses ; il réforma même celle des chats entretenus dans les magasins pour la destruction des rats, quoiqu'il n'en coutât que 12 sous par jour.

— Un grand nombre de ces économies, qu'il n'est pas possible de rapporter toutes, pourraient offrir d'utiles exemples, si on y

puisait avec modération ; mais il en est une
vers laquelle il était poussé par un système
bien étroit et bien injuste, c'était relative-
ment aux pensions des anciens serviteurs.
« Je demande, écrivait-il de sa main, quelle
» raison il y a, parce qu'un homme a joui
» pendant trente ans d'un état fort doux et
» d'un bon traitement, pour qu'on ne
» puisse pas s'en défaire sans obligations
» envers lui, quand cela convient à de meil-
» leurs arrangements. »

— 1762. M. de Choiseul eut la noble am-
bition de relever la marine dans son personnel et dans sa force matérielle. Après la sé-
cheresse étroite de M. Berryer, on vit avec
joie un ministre d'une âme active et libé-
rale.

— Le port entier se ranima à l'annonce
que fit le duc de Choiseul, à peine entré
au ministère, du dessein arrêté d'entretenir
dorénavant au port de Toulon, 30 vaisseaux,
et de faire immédiatement les approvisionnements de bois et de matériaux pour com-
pléter ce nombre. On y vit la renaissance
du travail, l'éveil de la prospérité. M. de
Choiseul voulut satisfaire à l'espoir, qui
avait motivé la réunion des deux départe-
ments, que l'État serait moins parcimo-

nieux envers la marine ; il éleva le budget
du port, et fixa même des sommes pour
payer l'arriéré (1). Mais ce qui surtout fit
abonder les fonds, ce furent les dons faits à
la marine par les états des provinces, par les
corps, les villes, qui, dans un grand élan
d'enthousiasme, votèrent de toutes parts
des vaisseaux au roi, pour la régénération
de la marine. Les états de Languedoc offrirent les premiers un vaisseau de 80 ; les re-
ceveurs généraux des finances, un de 74 ;
la construction en fut tout de suite ordon-
née à Toulon, et ils furent nommés *le
Languedoc* et *le Zélé*. Trois autres vaisseaux
dont les noms annoncent l'origine : *la Provence*, de 64, *la Bourgogne* et *le Marseillais*, *de* 74, les suivirent de près dans les
ordres donnés. On aurait voulu que ce dernier, *le Marseillais*, donné par le commerce

---

(1) Il fut accordé en 1662 :

Pour l'arriéré de 1760	536,662 fr.
— 1761	1,504,733
Pour les dépenses ordinaires de 1762	2,958,605
Pour les armements, constructions et approvisionnements extraordi- naires de 1762, ...	5,500,000
	10,500,000 fr.

de Marseille, y fût construit; mais le peu de profondeur du port présenta à ce désir des obstacles invincibles.

— Des provinces trop pauvres pour offrir des vaisseaux entiers votèrent des portions de vaisseau, ou des approvisionnements de leur sol. Ainsi les états de Bigorre offrirent tous les bois qui s'y trouvaient propres à la construction, se chargeant de l'abatage, de la façon et du charroi jusqu'à l'extrémité de la province; un charpentier fut envoyé pour cette exploitation. Cet élan universel, dû en grande partie à la confiance qu'inspirait le nouveau Ministre, refit une armée navale que la France trouva à sa prochaine guerre (1).

— Une des premières pensées de M. Choiseul fut de régénérer et d'encourager à la fois le corps des officiers de la marine. M. de Bompar, alors intendant à Toulon, lui recommanda à cette occasion, un officier, M. Beaussier de Chateauvert, qui avait tou-

----

(2) Le père Daniel, dans ses *Milices françaises*, donne le nom et l'origine de quatorze vaisseaux et une frégate construits dans les divers ports, et ajoute que ce nombre fut augmenté de plusieurs autres vaisseaux et frégates, pareillement votés.

jours servi avec distinction, et dont le zèle
pour le service avait été, selon lui, un obstacle qui l'avait empêché d'obtenir de
l'avancement. « Ce fait vous surprendra,
» ajoute-t-il (16 mars), mais il n'est que
» trop vrai que, par le passé, tout ce
» qui n'était pas bassement soumis aux vo-
» lontés des bureaux et ne se portait leur
» client ne parvenait que difficilement aux
» grâces. »

— L'intendant fit, en 1769, une inspection dans les classes du département; il
trouva dans beaucoup de quartiers, cette
partie du service bien suivie; mais dans
d'autres quartiers, le caractère des habitants,
l'habitude où étaient les seigneurs de se servir des gens classés pour leurs affaires particulières, leurs rancunes contre les officiers
des classes, lorsque ceux-ci ne pouvaient
pas avoir les complaisances qu'ils exigeaient,
rendaient les fonctions des classes fort diffi-
ciles; il fallait à ces officiers pour agir dans
la liberté de leurs fonctions un appui que
M. Hurson était résolu de leur donner.

— La marine fit vers le temps l'acquisi-
tion de la maison de l'intendance. Elle ap-
partenait à M. Gravier, capitaine de vaisseau.
Les intendants y logeaient depuis plus de

70 ans ; elle avait toujours été louée 1,400 livres ; M. Gravier allait la mettre en vente. Le Ministre jugeait préférable de bâtir une maison, mais M. Hurson éloigna cette idée et le résolut à l'acheter. L'achat et le contrat se firent en 1768, au prix de 38,680 livres ; quelques augmentations y furent faites ; une partie d'un petit jardin y fut ajoutée.

— 1775. M. Verguin, chirurgien-major, demanda une place d'aide-chirurgien pour son fils déjà élève, âgé de 9 ans. Le Ministre trouva cette demande extraordinaire, et ne concevait pas qu'il eut pu prendre des espérances qu'on ne lui eût pas données, si on avait su que son fils n'avait que quatre ans. Mais il s'étonna d'avantage lorsqu'il lui fut répondu que la plupart des élèves et aides avaient été reçus et appointés dans un âge au-dessous de celui du fils de M. Verguin. Il faut, dit-il, qu'on ait supprimé entièrement le concours, ou que le népotisme en ait éloigné les aspirants externes, pour ne faire concourir que des enfants ; et il décida qu'à l'avenir, pour faire cesser un abus aussi ridicule que préjudiciable au bien du service, on n'admettrait point d'élève chirurgien avant l'âge de quatorze ans, conformément aux règles pour les écoles de chirurgie.

— 1776. Le Ministre préparait une nouvelle constitution de la marine ; il y préludait en donnant aux officiers de vaisseau, le 14 juillet ,une part prépondérante et assidue dans la conduite et l'exaucer des ouvrages de construction et de radoub, et dans toutes les recettes de munitions navales, avec le droit d'arrêter et de suspendre.

— Les changements ne s'effectuaient pas sans quelques jalousies ; il y avait une fermentation plus apparente dans les plus jeunes têtes. Les gardes de la marine et les élèves commissaires, ci-devant élèves du port, se provoquaient ; des coups d'épées furent donnés. Ces disputes furent représentées d'une manière différente au Ministre. Les rapports de M. de Saint-Aignan portaient qu'on laissait vivre les élèves commissaires dans la licence, l'oisiveté et l'insubordination, que les disputes partaient d'eux. De l'autre côté, on pouvait attester que les gardes de la marine avaient le plus souvent agressé, et on n'avait qu'à invoquer leur réputation établie d'une turbulence telle, que personne dans la ville, de jour et de nuit, n'était à l'abri de leurs insultes. Cependant les élèves

furent menacés, et quittèrent l'uniforme
bleu qui effarouchait les gardes, pour reprendre l'ancien uniforme gris.

— L'organisation de la marine donnait au
département de Toulon, y compris les
classes :

1 Ordonnateur ;

1 Commissaire général ;

13 Commissaires, dont un contrôleur ;

17 Sous-Commissaires ;

26 Élèves Commissaires, dont 4 faisant
fonction d'écrivains;

20 Écrivains ;

2 Gardes et sous-gardes magasin.

Ici finit le premier volume de l'histoire
des guerres maritimes de la France et du
port de Toulon. J'ai essayé, par de nombreux extraits, de faire connaître la riche
mine que M. Brun a exploitée avec un talent remarquable; mais ces extraits isolés ne
peuvent donner une idée bien juste de l'œuvre de cet administrateur distingué, qui
vient de prendre rang parmi nos meilleurs
historiens. J'ai comme un remords d'avoir

défiguré par des citations, intéressantes
sans doute, mais trop peu suivies, sa composition si ferme et si serrée. Au moment
d'entreprendre l'analyse du second volume je
suis arrêté par la crainte de ne pouvoir pas
détacher comme je l'ai fait jusqu'ici quel-
ques-unes des parties de son œuvre sans en
dénaturer le caractère ; car ce n'est plus,
comme dans le principe, une chronique,
(chronique complète et soumise par l'auteur
à une sévère et intéressante critique), c'est
actuellement un récit éloquent des évène-
ments presque contemporains, c'est le dra-
me émouvant de la Révolution écrit sans
passion, avec une impartialité parfaite mais
non sans chaleur. Comment suivre l'auteur
dans son récit attachant, sans redire avec
lui l'histoire de notre pays depuis quatrevingts ans; cette tâche m'entraînerait trop
loin : je crois donc devoir m'abstenir de prolonger cette étude dans laquelle je me suis
efforcé de laisser toujours la parole aux faits,
bien souvent certains traits caractéristiques
m'ont excité à comparer le présent au passé;
mais je n'ai pas voulu enlever au lecteur le
plaisir de faire lui-même ces comparaisons
piquantes. Un trait, cependant, me revient
à la pensée et je ne puis résister au désir de

signaler combien l'esprit d'économie est par-
fois mal entendu. A l'époque même où un
ministre parcimonieux décrétait la suppression des *chats, entretenus dans les magasins
de l'Arsenal*, pour la destruction des rats,
dépense évaluée d'après les documents à
12 sous par jour, à cette époque précisément, la marine admettait des élèves chirurgiens âgés de 4 ans et les payait à
partir de 9 ans ! C'est le même Ministre qui
s'étonne que l'on ne puisse se débarrasser
des fonctionnaires qui ont reçu pendant
trente ans de bons appointements; et
loin de vouloir leur accorder une retraite
pour leurs vieux jours, il serait tenté de leur
demander des dédommagements pour l'argent qu'ils ont reçu.... ou qu'ils n'ont
pas reçu. Car nous l'avons vu, la ponctualité
n'était pas une vertu pratiquée par les finan-
ciers de l'époque.

Et puisque le mot *Finance* vient d'être
prononcé, on me permettra de m'y arrêter
et d'en faire la conclusion de cette étude.

M. Brun ne partage pas l'opinion des
historiens qui ont attribué notre infériorité
maritime dans le dernier siècle, à l'insuffisance du matériel; il est d'avis et il dé-
montre que la difficulté de se procurer des

marins a été l'écueil constant de nos armements. Il ajoute que le mauvais système
employé pour les enrôlements maritimes
et *l'inexactitude dans les paiements*, ont été
les causes principales de cette pénurie. On
peut donc en conclure qu'avec la bonne organisation des classes qui fonctionne aujour-
d'hui et grâce surtout à la situation de nos
finances, la France sera en mesure, lorsqu'elle
le voudra, de mettre en activité des forces
maritimes très redoutables.

www.ingramcontent.com/pod-product-compliance
Lightning Source LLC
Chambersburg PA
CBHW072107090426
42739CB00012B/2879